SOMMAIRE

500 tests d'aptitude du concours infirmier

Conforme au nouveau concours

André Combres

Relecteur : Jean-Claude Loraux

IFSI

LAMARRE CONCOURS

Annales corrigées

EDITIONS LAMARRE

Directeur de collection
Pascal Le Masson

ISBN : 978-2-7573-0316-0

AVANT-PROPOS DE L'AUTEUR

Cet ouvrage est destiné aux candidats préparant le concours d'entrée en IFSI.

Cet ouvrage propose une préparation rapide à l'épreuve de tests d'aptitude en présentant 4 épreuves suivies de corrigés complets et détaillés.

Contenu de l'ouvrage :

* 3 épreuves avec des questions à choix multiple (QCM) ;
* 1 épreuve où les questions ne sont pas suivies de réponses proposées.

Chaque épreuve est composée de 125 questions et comprend des tests :

* de raisonnement logique et analogique ;
* d'abstraction ;
* de concentration ;
* d'aptitude à la résolution de problèmes ;
* d'aptitudes numériques.

Le temps de travail conseillé est indiqué pour chaque série de tests.

Ces sujets ont été élaborés avec un groupe de candidats préparant le concours d'entrée à l'IFSI du Val d'Ariège.

Ces sujets sont d'un niveau comparable aux vraies épreuves avec des tests régulièrement posés aux concours.

Avec cet ouvrage vous allez vous entraîner rapidement et efficacement à l'épreuve de tests d'aptitude.

Extraits de l'arrêté du nouveau concours 2009 relatif aux conditions d'admission dans les instituts de formation en soins infirmiers préparant au diplôme d'État d'infirmier.

Article 15 – Les épreuves d'admissibilité comprennent :

1° Une épreuve écrite qui consiste en un travail écrit anonyme d'une durée de deux heures notée sur 20 points.

Elle comporte l'étude d'un texte comprenant 3 000 à 6 000 signes, relatif à l'actualité dans le domaine sanitaire et social. Le texte est suivi de trois questions permettant au candidat de présenter le sujet et les principaux éléments du contenu, de situer la problématique dans le contexte, d'en commenter les éléments notamment chiffrés et de donner un avis argumenté sur le sujet.

Cette épreuve permet d'évaluer les capacités de compréhension, d'analyse, de synthèse, d'argumentation et d'écriture des candidats.

2° Une épreuve de tests d'aptitude de deux heures notée sur 20 points.

Cette épreuve a pour objet d'évaluer les capacités de raisonnement logique et analogique, d'abstraction, de concentration, de résolution de problème et les aptitudes numériques.

Les deux épreuves d'admissibilité sont écrites et anonymes.
Pour être admissible, le candidat doit obtenir un total de points au moins égal à 20 sur 40 aux deux épreuves.

Une note inférieure à 8 sur 20 à l'une de ces épreuves est éliminatoire.

SUJET N° 1

À la fin du sujet, vous disposez d'une grille pour cocher vos réponses.

Test de raisonnement logique

15 min

Voici une suite de cinq symboles qui se répètent indéfiniment. Après le dernier symbole on retrouve le premier symbole et ainsi de suite.

Le but de ce test est de déterminer les symboles qui doivent remplacer les symboles notés « ?1 » et « ?2 ».

Q1. Quel symbole doit remplacer le symbole noté « **?1** » ?

A.  **B.**  **C.**  **D.** 

Q2. Quel symbole doit remplacer le symbole noté « **?2** » ?

A.  **B.**  **C.**  **D.** 

Q3. Quel symbole doit remplacer le symbole noté « **?1** » ?

A.  **B.**  **C.**  **D.** 

Q4. Quel symbole doit remplacer le symbole noté « **?2** » ?

A.  **B.**  **C.**  **D.** 

On rappelle la suite des symboles.

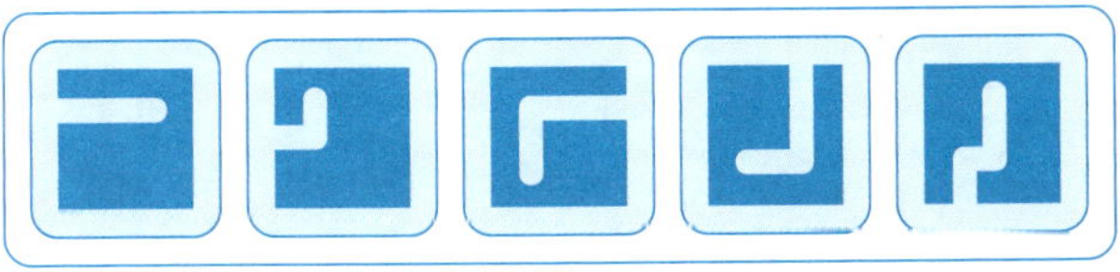

Q5. Quel symbole doit remplacer le symbole noté « **?1** » ?

Q6. Quel symbole doit remplacer le symbole noté « **?2** » ?

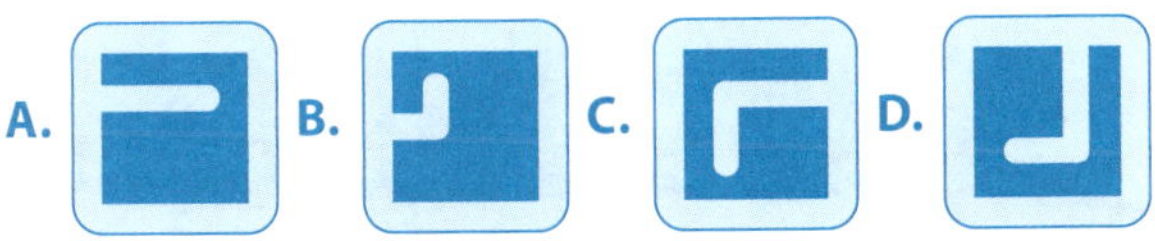

On rappelle la suite des symboles.

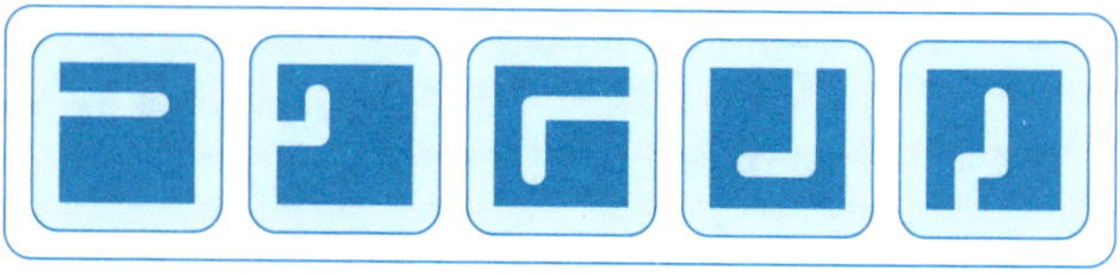

Q7. Quel symbole doit remplacer le symbole noté « **?1** » ?

A.  **B.**  **C.**  **D.** 

Q8. Quel symbole doit remplacer le symbole noté « **?2** » ?

A.  **B.**  **C.**  **D.** 

Q9. Quel symbole doit remplacer le symbole noté « **?1** » ?

A. B. C. D.

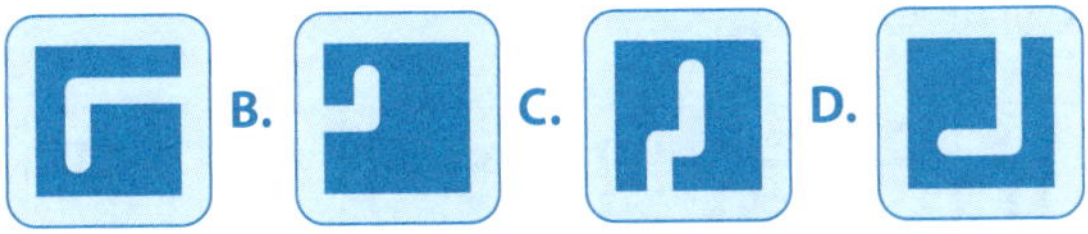

Q10. Quel symbole doit remplacer le symbole noté « **?2** » ?

A. B. C. D.

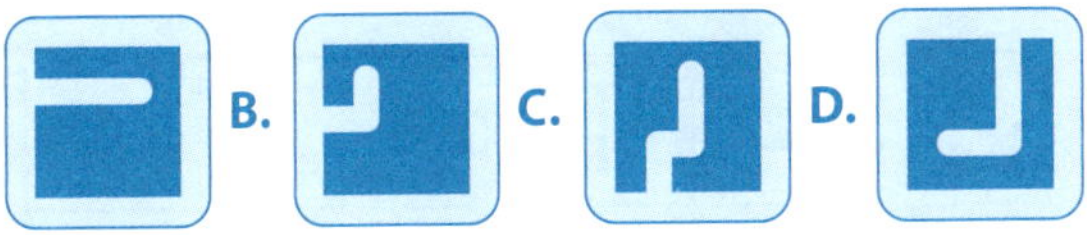

Test de concentration

10 min

Les deux images ci-contre sont superposables quand on en fait glisser une sur la seconde.

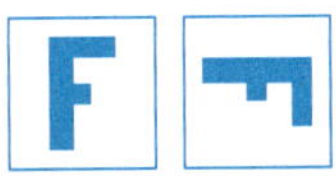

On déplace la première image puis on la tourne d'un quart de tour.

En revanche, les deux dernières images ne sont pas superposables. En effet, un petit détail les différencient.

La différence est indiquée par le petit cercle gris.

Vous devez indiquer le nombre d'images qui sont superposables à la première image.

Voici un exemple :

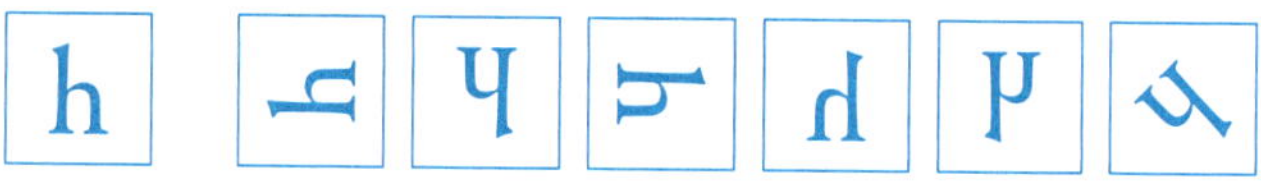

Les images identiques sont les quatre images suivantes.

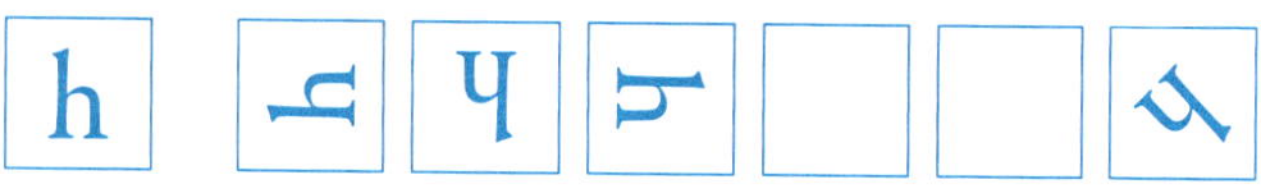

Q11. A. 1 **B.** 2 **C.** 3 **D.** 4

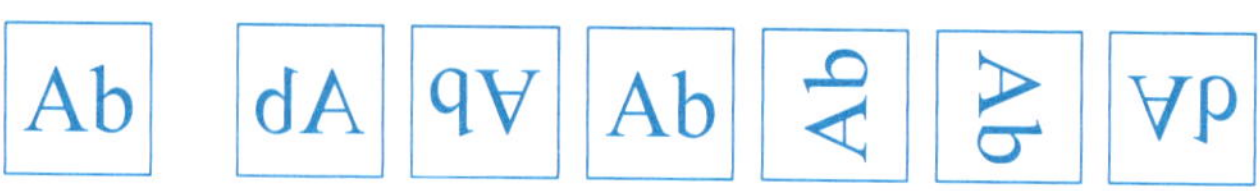

Q12. A. 1 **B.** 2 **C.** 3 **D.** 4

Q13. **A.** 3 **B.** 4 **C.** 5 **D.** 6

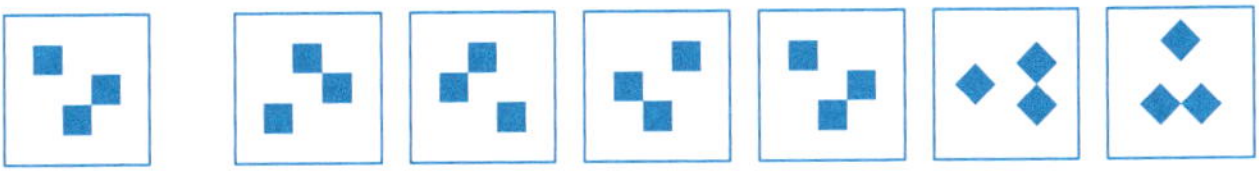

Q14. **A.** 1 **B.** 2 **C.** 3 **D.** 4

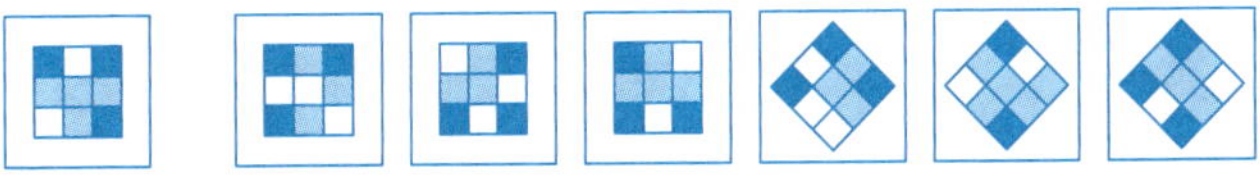

Q15. **A.** 1 **B.** 2 **C.** 3 **D.** 4

Q16. **A.** 1 **B.** 2 **C.** 3 **D.** 4

Q17. **A.** 1 **B.** 2 **C.** 3 **D.** 4

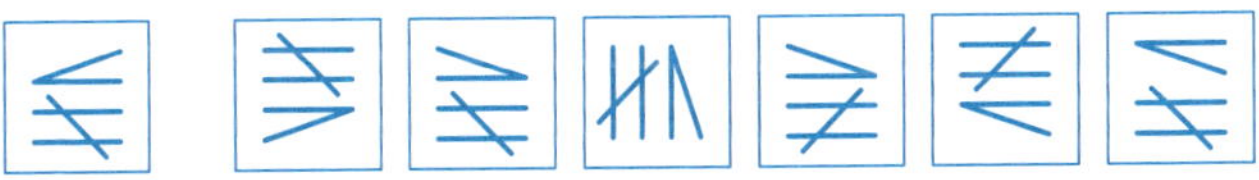

Q18. **A.** 1 **B.** 2 **C.** 3 **D.** 4

Q19. **A.** 1 **B.** 2 **C.** 3 **D.** 4

Q20. **A.** 1 **B.** 2 **C.** 3 **D.** 4

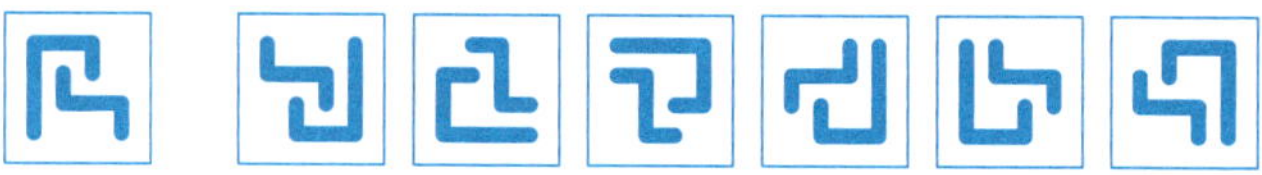

Q21. **A.** 1 **B.** 2 **C.** 3 **D.** 4

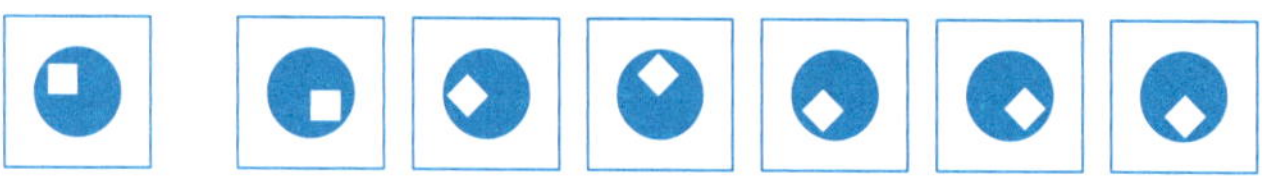

Q22. **A.** 1 **B.** 2 **C.** 3 **D.** 4

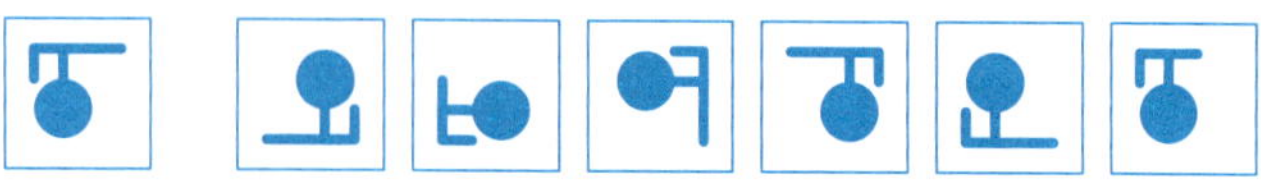

Q23. A. 1 **B.** 2 **C.** 3 **D.** 4

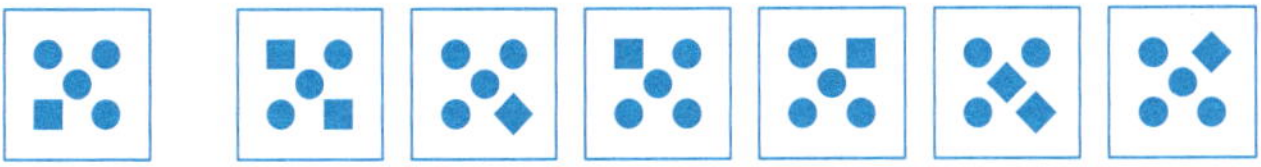

Q24. A. 1 **B.** 2 **C.** 3 **D.** 4

Q25. A. 1 **B.** 2 **C.** 3 **D.** 4

Test de concentration

10 min

Vous devez dénombrer les différents symboles dans l'image ci-dessous.

Conseil : Avec un crayon, barrer les images que vous dénombrez.

Q26. Quel est le nombre d'images identiques à :  ?
A. 8 **B.** 9 **C.** 10 **D.** 11

Q27. Quel est le nombre d'images identiques à :  ?
A. 13 **B.** 12 **C.** 11 **D.** 10

Q28. Quel est le nombre d'images identiques à :  ?
A. 11 **B.** 10 **C.** 9 **D.** 8

Q29. Quel est le nombre d'images identiques à :  ?
A. 5 **B.** 6 **C.** 7 **D.** 8

Q30. Quel est le nombre d'images identiques à :  ?
A. 14 **B.** 15 **C.** 16 **D.** 17

Q31. Quel est le nombre d'images identiques à :  ?
A. 5 **B.** 6 **C.** 4 **D.** 5

Q32. Quel est le nombre d'images identiques à :  ?
A. 11 **B.** 12 **C.** 13 **D.** 14

Q33. Quel est le nombre d'images identiques à :  ?
A. 12 **B.** 11 **C.** 10 **D.** 9

Q34. Quel est le nombre d'images identiques à :  ?
A. 12 **B.** 13 **C.** 14 **D.** 15

Q35. Quel est le nombre d'images identiques à :  ?
A. 8 **B.** 9 **C.** 10 **D.** 11

Test de raisonnement analogique

15 min

Vous devez déterminer quels sont les lettres ou les nombres qui doivent remplacer les points d'interrogation.

A 2 C 4 **?1** –5 B **?2** E –2 C **?3** D –3 **?4** 5 **?5**

Q36. Quelle est la lettre qui doit remplacer « **?1** » ?

A. G **B.** F **C.** E **D.** D

Q37. Quel est le nombre qui doit remplacer « **?2** » ?

A. 0 **B.** 1 **C.** 2 **D.** 3

Q38. Quel est le nombre qui doit remplacer « **?3** » ?

A. 3 **B.** 2 **C.** 1 **D.** –1

Q39. Quelle est la lettre qui doit remplacer « **?4** » ?

A. Z **B.** A **C.** X **D.** B

Q40. Quelle est la lettre qui doit remplacer « **?5** » ?

A. S **B.** F **C.** U **D.** V

AD 5 | **?1**M 19 | DT **?2** | AD**?3** 10 | B**?4**M 21 | NRJ **?5**

Q41. Quelle est la lettre qui doit remplacer « **?1** » ?

A. F **B.** G **C.** H **D.** I

Q42. Quel est le nombre qui doit remplacer « **?2** » ?

A. 8 **B.** 12 **C.** 18 **D.** 24

Q43. Quelle est la lettre qui doit remplacer « **?3** » ?

A. Z **B.** X **C.** E **D.** A

Q44. Quelle est la lettre qui doit remplacer « **?4** » ?

A. H **B.** K **C.** F **D.** T

Q45. Quel est le nombre qui doit remplacer « **?5** » ?

A. 24 **B.** 42 **C.** 36 **D.** 48

R	W	**?1**	P	K	Y	B	**?3**	T	W	**?5**	T
E		H		**?2**		V		**?4**		O	

Q46. Quelle est la lettre qui doit remplacer « **?1** » ?

A. G **B.** H **C.** K **D.** D

Q47. Quelle est la lettre qui doit remplacer « **?2** » ?

A. T **B.** N **C.** M **D.** P

Q48. Quelle est la lettre qui doit remplacer « **?3** » ?

A. V **B.** Z **C.** X **D.** L

Q49. Quelle est la lettre qui doit remplacer « **?4** » ?

A. C **B.** Z **C.** G **D.** A

Q50. Quelle est la lettre qui doit remplacer « **?5** » ?

A. V **B.** T **C.** S **D.** E

B	F	D	T	F	**?2**	**?3**	T	F	X	**?5**	Z
	C		**?1**		C		J		**?4**		B

Q51. Quelle est la lettre qui doit remplacer « **?1** » ?
A. R **B.** G **C.** F **D.** E

Q52. Quelle est la lettre qui doit remplacer « **?2** » ?
A. S **B.** P **C.** R **D.** T

Q53. Quelle est la lettre qui doit remplacer « **?3** » ?
A. A **B.** P **C.** B **D.** S

Q54. Quelle est la lettre qui doit remplacer « **?4** » ?
A. R **B.** G **C.** D **D.** B

Q55. Quelle est la lettre qui doit remplacer « **?5** » ?
A. M **B.** T **C.** O **D.** K

Test de raisonnement logique

10 min

Au lycée MONTAIGNE, les élèves peuvent apprendre trois langues vivantes étrangères : l'anglais, l'allemand et l'espagnol. Dans la section littéraire, on compte 65 % d'élèves qui étudient l'anglais, 60 % qui étudient l'allemand et 50 % qui étudient l'espagnol. On dénombre également 35 % d'élèves qui étudient au moins l'anglais et l'allemand ; 25 % d'élèves qui étudient au moins l'anglais et l'espagnol ; 30 % d'élèves qui étudient au moins l'allemand et l'espagnol et 10 % d'élèves qui étudient les trois langues.

Q56. La section littéraire compte 200 élèves. Combien sont-ils à étudier les trois langues ?
A. 10 **B.** 15 **C.** 20 **D.** 25

Q57. Combien d'élèves étudient seulement l'anglais ?
A. 5 % **B.** 10 % **C.** 15 % **D.** 20 %

Q58. Combien d'élèves étudient seulement l'allemand ?
A. 5 % **B.** 10 % **C.** 15 % **D.** 20 %

Q59. Combien d'élèves étudient seulement l'espagnol ?
A. 5 % **B.** 10 % **C.** 15 % **D.** 20 %

Q60. Combien d'élèves étudient l'anglais et l'allemand ?
A. 15 % **B.** 20 % **C.** 25 % **D.** 30 %

Q61. Combien d'élèves étudient l'anglais et l'espagnol ?
A. 5 % **B.** 10 % **C.** 15 % **D.** 20 %

Q62. Combien d'élèves étudient l'allemand et l'espagnol ?
A. 5 % **B.** 10 % **C.** 15 % **D.** 20 %

Q63. Combien d'élèves n'étudient aucune langue ?
A. 5 % **B.** 10 % **C.** 15 % **D.** 20 %

Q64. Combien d'élèves étudient deux langues ?
A. 65 % **B.** 60 % **C.** 55 % **D.** 50 %

Q65. Combien d'élèves n'étudient pas trois langues ?
A. 95 % **B.** 90 % **C.** 85 % **D.** 80 %

Test d'abstraction

15 min

Vous devez indiquer quelle est l'image obtenue en superposant deux images. *Voici un exemple :*

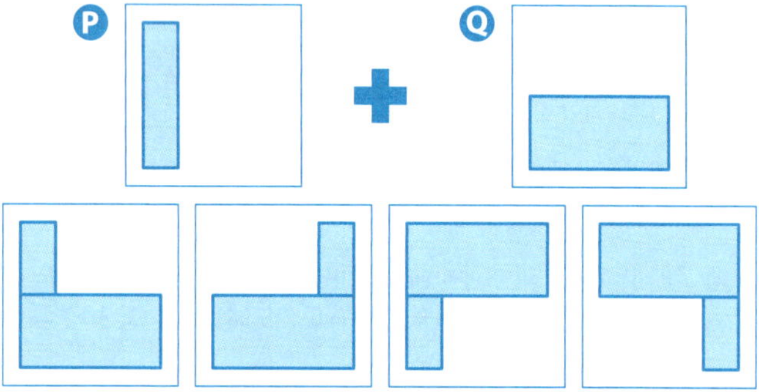

A B C D

On superpose l'image **Q** sur l'image **P**. On obtient alors la construction suivante :

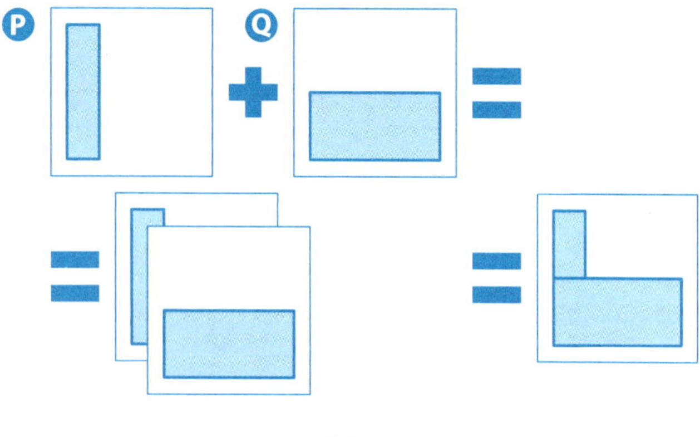

Pour indiquer que l'on superpose l'image **Q** sur l'image **P**, on utilise le signe de l'addition et on écrira : **P + Q**.
Dans notre exemple, le résultat est la proposition de réponse **A**.

De plus, avant d'être superposées, l'une des deux images peut subir une transformation simple.

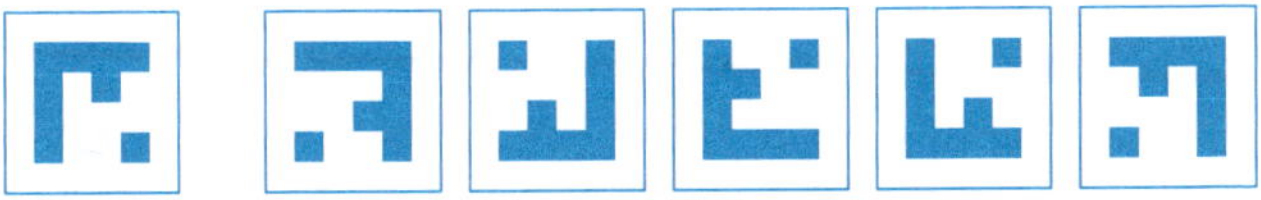

1 **2** **3** **4** **5** **6**

- L'image **1** est l'image de référence (notée **P**) que l'on transforme.
- L'image **2** est la transformation de l'image **P** par une rotation de 90° dans le sens des aiguilles d'une montre. On notera cette transformation **Rot 90 (P)**.
- L'image **3** est la transformation de l'image **P** par une rotation de 90° dans le sens inverse des aiguilles d'une montre. On notera cette transformation **Rot –90 (P)**.
- L'image **4** est la transformation de l'image **P** par une rotation de 180 °. On notera cette transformation **Rot 180 (P)**.
- L'image **5** est la transformation de l'image **P** par une symétrie suivant un axe horizontal. On notera cette transformation **SH (P)**.
- L'image **6** est la transformation de l'image **P** par une symétrie suivant un axe vertical. On notera cette transformation **SV (P)**.

Remarque : Il faut appliquer la transformation demandée d'une image **avant** d'effectuer la superposition de **Q** sur **P**.

Q66. Quel est le résultat de **P + Q ?**

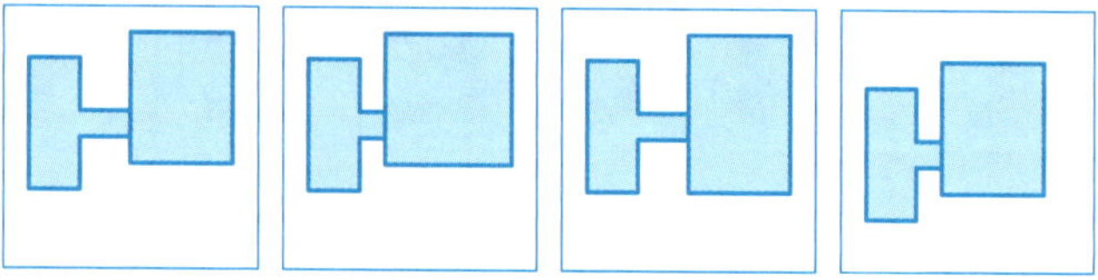

A **B** **C** **D**

Q67. Quel est le résultat de **P + Rot 90 (Q) ?**

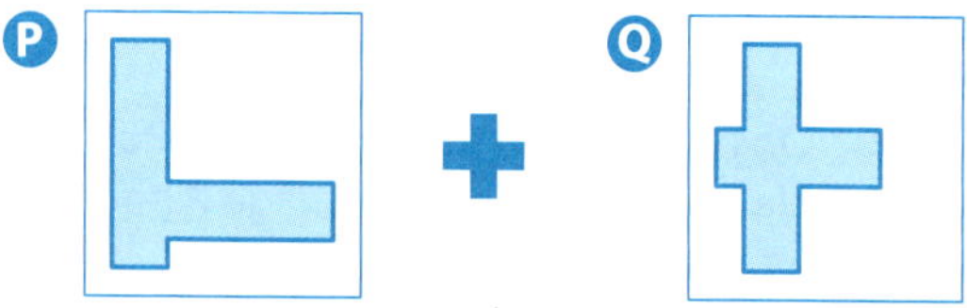

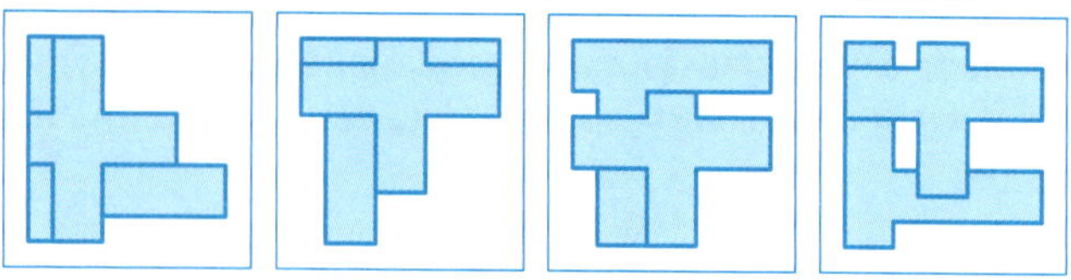

A **B** **C** **D**

Q68. Quel est le résultat de **Rot 180 (P) + Q ?**

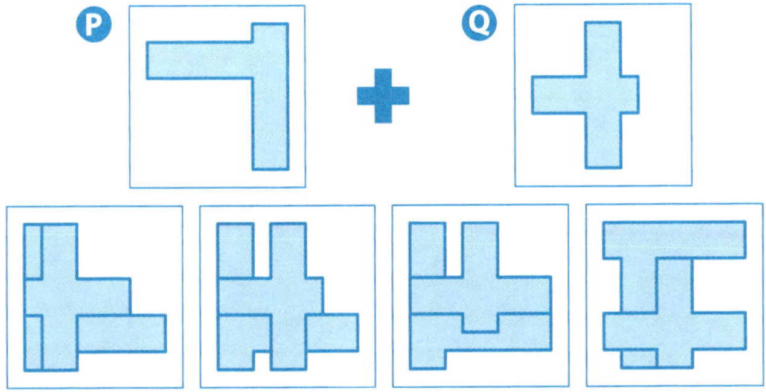

A B C D

Q69. Quel est le résultat de **P + SH (Q) ?**

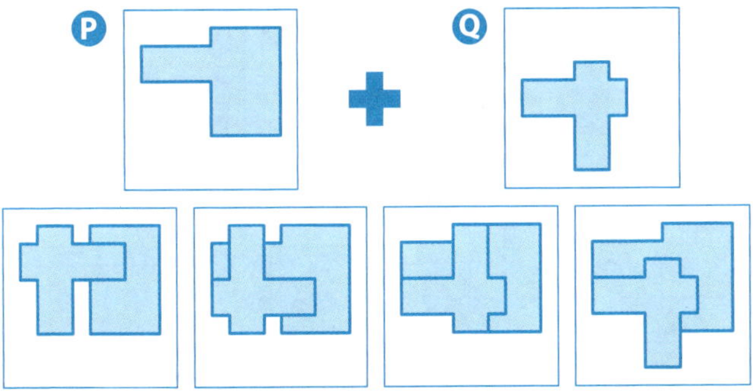

A B C D

Q70. Quel est le résultat de **Rot –90 (P) + Q ?**

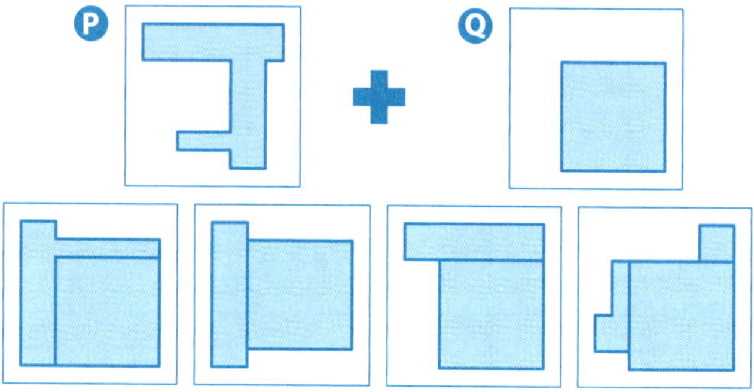

A B C D

Q71. Quel est le résultat de **SH (P) + Q ?**

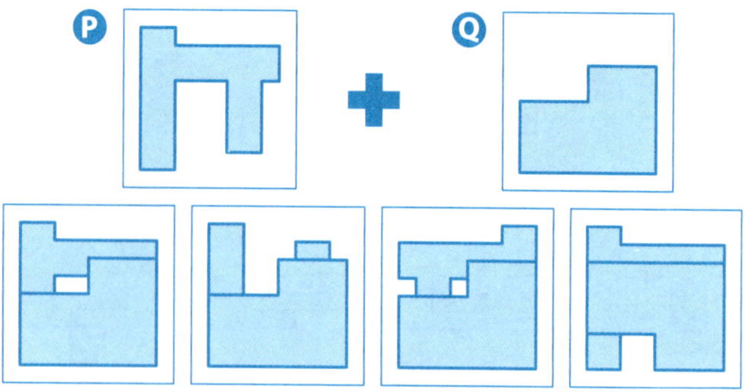

A B C D

Q72. Quel est le résultat de **P + SV (Q) ?**

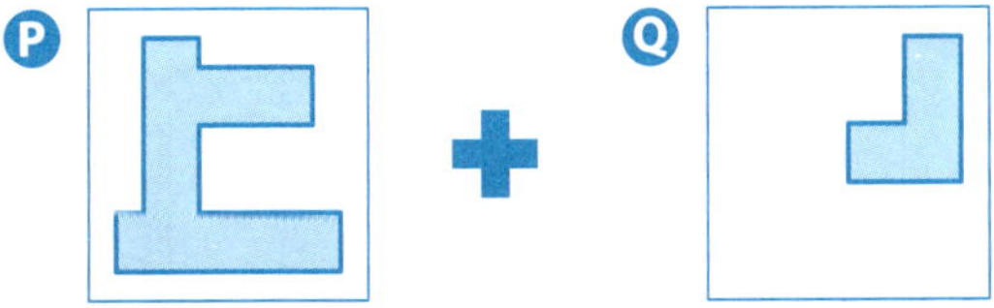

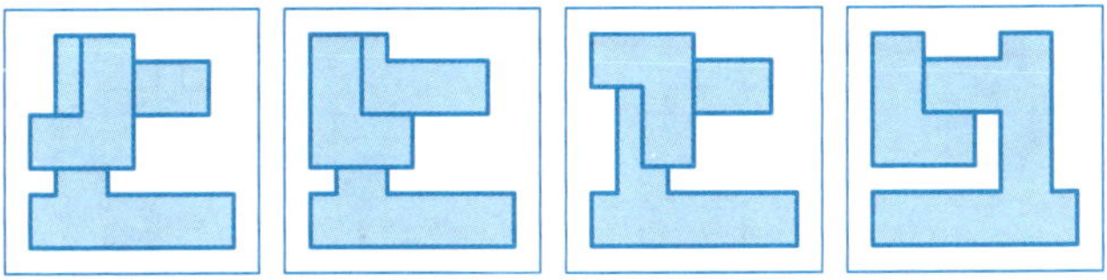

A B C D

Q73. Quel est le résultat de **Rot 90 (P) + Q ?**

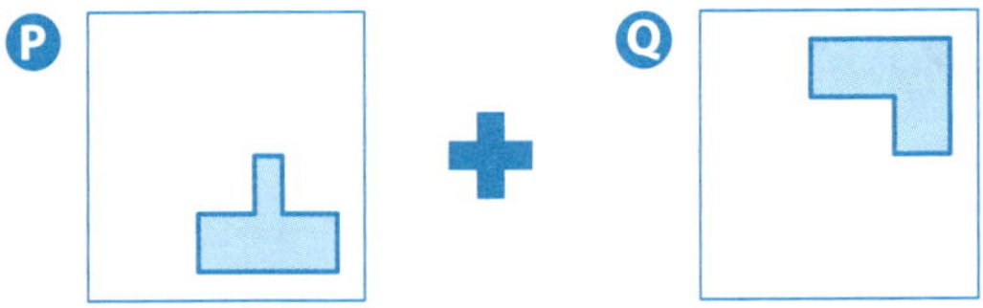

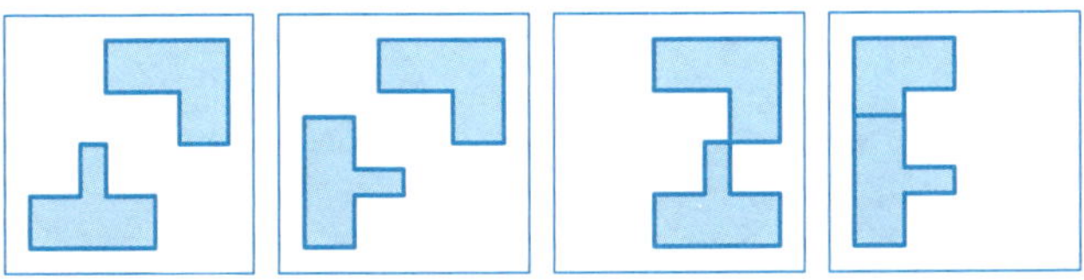

A B C D

Q74. Quel est le résultat de **P + Rot 180 (Q) ?**

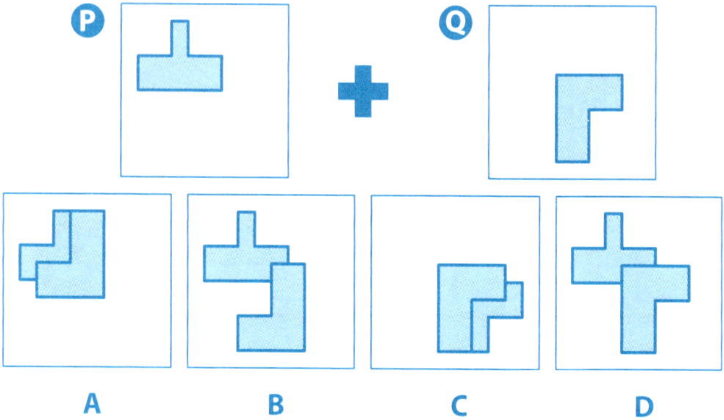

Q75. Quel est le résultat de **SV (P) + Q ?**

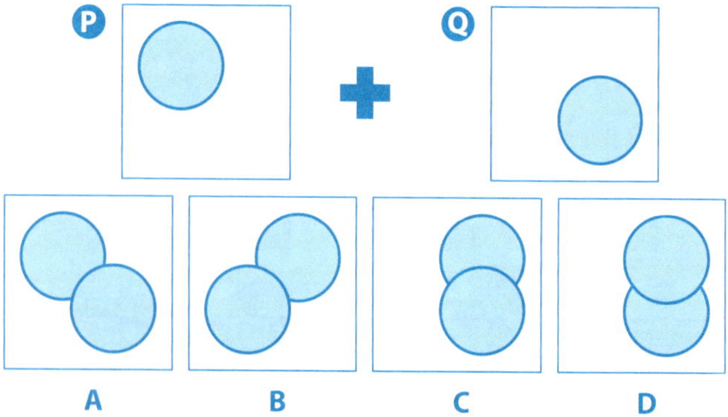

Q76. Quel est le résultat de **P + Rot –90 (Q) ?**

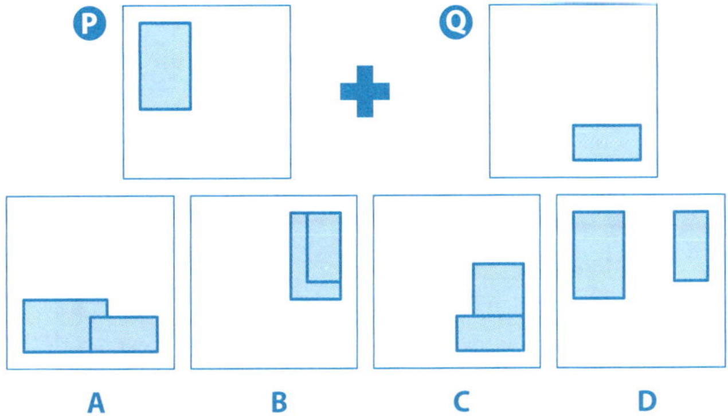

Q77. Quel est le résultat de **SH (P) + Q ?**

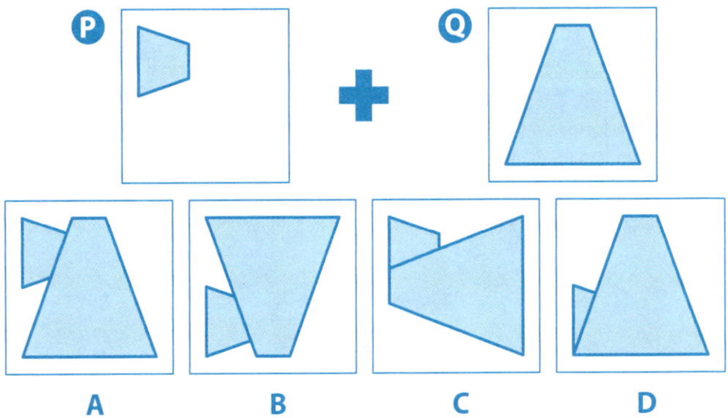

Q78. Quel est le résultat de **P + SV (Q) ?**

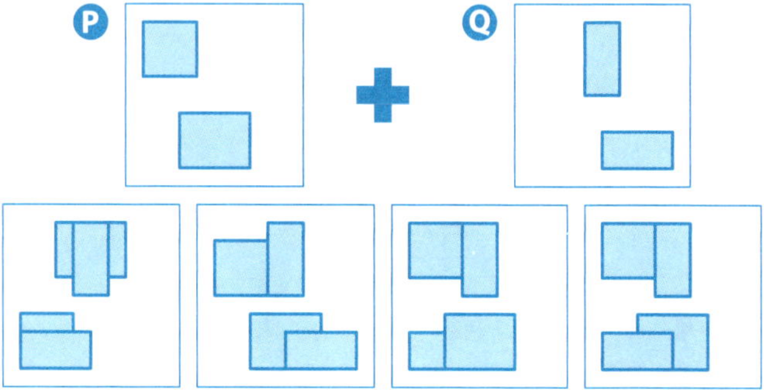

A **B** **C** **D**

Q79. Quel est le résultat de **Rot 180 (P) + Q ?**

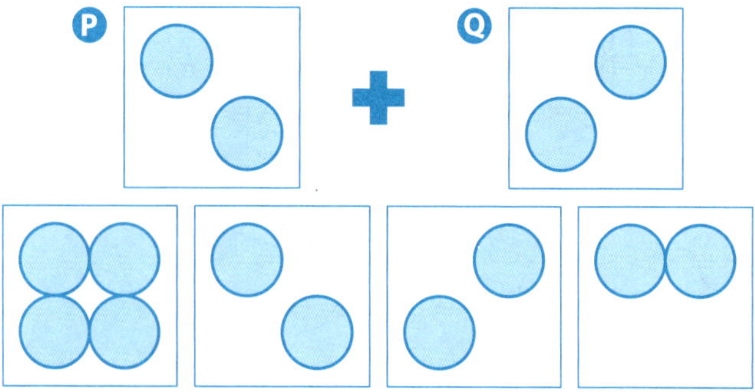

A **B** **C** **D**

Q80. Quel est le résultat de **Rot –90 (P) + Q ?**

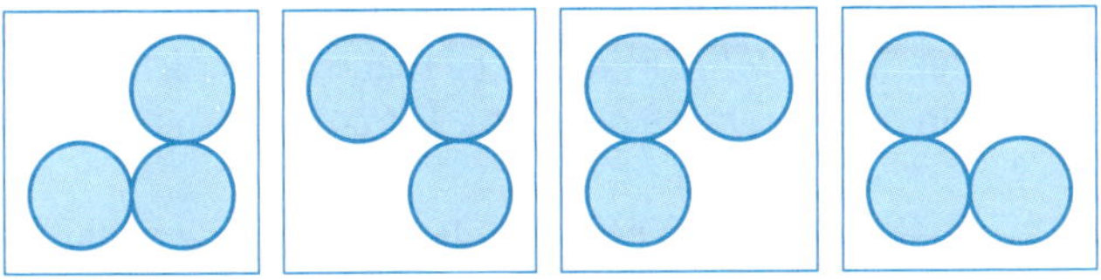

A **B** **C** **D**

Test de raisonnement logique

15 min

On donne des affirmations simples. Si vous répondez toujours favorablement à la question posée, vous entourerez la proposition « OUI ». Si vous répondez toujours négativement à la question posée, vous entourerez la proposition « NON ». Dans les autres cas, vous entourez la proposition « Je ne peux pas conclure ».

Mme MARTIN possède un chien nommé TAILLOT. Chaque fois que TAILLOT s'enfuit, Mme. MARTIN pleure. Or ce matin, Mme. MARTIN pleure. Est-ce que TAILLOT s'est enfuit ?

Q81. **A.** OUI **B.** NON **C.** Je ne peux pas conclure.

Mme MARTIN possède un chat nommé MINOU. Chaque fois que MINOU miaule, Mme. MARTIN crie. Or ce matin, Mme. MARTIN ne crie pas. Est-ce que MINOU miaule ?

Q82. **A.** OUI **B.** NON **C.** Je ne peux pas conclure.

Mme MARTIN possède un âne et un mari. Chaque fois que l'âne brait, Mme. MARTIN rit. Or ce matin, M. MARTIN dit à son voisin que sa femme ne rit pas. Est-ce que l'âne ne brait pas ?

Q83. **A.** OUI **B.** NON **C.** Je ne peux pas conclure.

Mme MARTIN possède un chien nommé TAILLOT et un chat nommé MINOU. Chaque fois que le MINOU est dans la maison, TAILLOT aboie et fait peur à Mme. MARTIN. Or, ce matin là, TAILLOT n'aboie pas. Est-ce que MINOU est encore hors de la maison ?

Q84. **A.** OUI **B.** NON **C.** Je ne peux pas conclure.

Mme MARTIN possède un âne, un chien nommé TAILLOT et un chat nommé MINOU. Chaque fois que l'âne brait, TAILLOT aboie ce qui fait peur à MINOU qui se cache sous le canapé. Or ce matin, MINOU ronronne sur le lit de Mme. MARTIN. Est-ce que l'âne brait ?

Q85. **A.** OUI **B.** NON **C.** Je ne peux pas conclure.

Mme MARTIN possède un mari qui est têtu comme une mule, un chien nommé TAILLOT et un chat nommé MINOU. Chaque fois que son mari crie, TAILLOT aboie ce qui fait peur à MINOU qui se cache sous le lit. Or ce matin, MINOU est sous le lit de Mme. MARTIN. Est-ce que son mari crie ?

Q86. **A.** OUI **B.** NON **C.** Je ne peux pas conclure.

M. MARTIN a une femme un peu déprimée. Chaque fois qu'il donne du pain à l'âne, le chien TAILLOT aboie de jalousie ce qui fait peur au chat MINOU qui se cache ce qui fait à son tour pleurer Mme MARTIN. Or ce matin, Mme MARTIN pleure. Est-ce que son mari donne du pain à l'âne ?

Q87. **A.** OUI **B.** NON **C.** Je ne peux pas conclure.

Dans cette discothèque, toute jeune femme se présentant seule se verra offrir l'entrée dans l'établissement. Or, Jacqueline n'a pas eu droit à l'entrée gratuite. Était-elle accompagnée ?

Q88. **A.** OUI **B.** NON **C.** Je ne peux pas conclure.

Chaque fois que le facteur passe, le chien TAILLOT aboie. Chaque fois que TAILLOT aboie, M. MARTIN sort de sa maison. Ce matin, TAILLOT n'aboie pas. Quelles sont les affirmations exactes ?

Q89. **A.** M. MARTIN ne sort pas de sa maison.
B. Le facteur n'est pas passé.
C. M. MARTIN sort de sa maison.
D. Je ne peux pas conclure.

Chaque fois que Mme MARTIN rentre chez elle, le chien TAILLOT remue la queue. Chaque fois que TAILLOT remue la queue, M. MARTIN caresse le chien. Ce matin, M. MARTIN ne caresse pas le chien. Quelles sont les affirmations exactes ?

Q90. **A.** Le chien remue la queue.
B. Mme MARTIN ne rentre pas chez elle.
C. Mme MARTIN sort de chez elle.
D. Le chien ne remue pas la queue.

Si le médecin se trompe de diagnostic, le malade ne guérit pas. Dans ce cas, il ne se rend pas à son travail. Or, la personne ne s'est pas rendue à son travail. Quelles sont les affirmations exactes ?

Q91. **A.** La personne est malade.
B. Le médecin a fait un bon diagnostic.
C. La personne n'est pas parfaitement guérie.
D. Je ne peux pas conclure.

Quand le chat grimpe à l'arbre, le moineau s'envole. Quand le chien poursuit le chat, ce dernier grimpe à l'arbre. Or, nous remarquons que le moineau s'envole. Quelles sont les affirmations exactes ?

Q92. **A.** On ne sait pas si le chat grimpe à l'arbre.
B. On affirme que le chien poursuit le chat.
C. Le chien fait miauler chat.
D. Le chien aboie souvent en voyant le chat.

Quand le chat n'est pas là, les souris dansent. Or, on constate que les souris dansent. Quelles sont les affirmations exactes ?

Q93. **A.** Le chat dort.
B. Le chat n'a pas faim.
C. Les souris sont sourdes et aveugles.
D. Le chat est peut-être là.

Quand le chat dort, les souris dansent. Or, on constate que les souris ne dansent pas. Quelles sont les affirmations fausses ?

Q94. **A.** Le chat dort.
B. Le chat a trop mangé.
C. Le chat n'a pas envie de chasser.
D. Le chat fait la sourde oreille.

Quand le chien part à la chasse, le chat prend sa place. Or, le chat a pris la place du chien. Quelles sont les affirmations exactes ?

Q95. **A.** Le chat part à la chasse.
B. Le chien prend la place du chat.
C. Le chien est peut-être parti chasser.
D. Le chat n'a pas envie de chasser avec le chien.

Quand le chat part à la chasse, le chien prend sa place dans le fauteuil. Quand le chat part chasser, les souris ne dansent plus. Or, le chien a pris la place du chat.
Quelles sont les affirmations exactes ?

Q96. **A.** Le chat part à la chasse.
B. On ne sait pas si le chat est parti à la chasse.
C. Le chien n'est pas parti chasser.
D. Chat et chien ne font pas bon ménage.

Quelles sont les affirmations fausses ?

Q97. **A.** Les souris se cachent.
B. On ne sait pas ce que font les souris.
C. Le chat n'est pas parti chasser.
D. On ne peut pas affirmer ce que fait le chat.

Au-delà de deux verres de vin, une personne n'a plus le droit de conduire un véhicule car son taux d'alcoolémie dépasse le seuil fixé par la loi. Or, Patrick n'a plus le permis de conduire.
Quelles sont les affirmations dont on ne peut pas affirmer si elles sont fausses ou exactes ?

Q98. **A.** Patrick a été contrôlé positif.
B. Patrick est alcoolique.
C. On ne sait pas pourquoi Patrick n'a plus le permis de conduire.
D. Patrick n'a plus le droit de conduire.

Quelles sont les affirmations dont on ne peut pas affirmer si elles sont fausses ou exactes ?

Q99. **A.** En buvant moins de deux verres de vin, le taux d'alcoolémie d'une personne ne dépasse pas le seuil fixé par la loi.

B. Si une personne a un taux d'alcoolémie supérieur au seuil fixé par la loi, cela ne signifie pas obligatoirement qu'elle a bu plus de deux verres de vin.

C. Le seuil fixé par la loi pour être autorisé à conduire un véhicule est fixé actuellement à 0,5 g d'alcool par litre de sang.

D. Dans certains pays, il est interdit d'avoir consommé de l'alcool avant de prendre le volant.

Quand les feuilles des arbres tombent, l'automne arrive. Or, les feuilles des arbres de mon village tombent toutes les unes après les autres.
Quelles sont les affirmations fausses ?

Q100. **A.** C'est encore l'été.

B. En période de sécheresse, les feuilles des arbres tombent.

C. Les épines des sapins ne tombent pas.

D. Si les feuilles tombent au mois d'août, l'hiver sera rigoureux.

Test d'aptitudes numériques

15 min

Q101. Calculer : $A = 3 \times 2^2 + 25 \times 5^{-1}$

A. 13 **B.** 15 **C.** 17 **D.** 19

Q102. Quel est le plus petit des nombres suivants ?

$$P = \left(1 - \frac{1}{2}\right)^3 \quad ; \quad Q = \left(\frac{1}{3} - 2\right)^2 \quad ; \quad R = \frac{1}{1 + \frac{1}{5}}$$

$$S = \left(\frac{1}{4} + 1\right)^{-1} \quad ; \quad T = \left(\frac{1}{2} + \frac{1}{4}\right)^{-2}$$

A. P **B.** Q **C.** R **D.** S

Q103. Quel est le plus grand de ces mêmes nombres ?

A. Q **B.** R **C.** S **D.** T

Q104. Combien y a-t-il de nombres supérieurs à 2 ?

A. 0 **B.** 1 **C.** 2 **D.** 3

Q105. Calculer : $A = (250 \times 400 \times 10^{-4})^2$

A. 1 **B.** 10 **C.** 100 **D.** 1 000

Q106. Quel est le nombre qui est divisible par 9 ?

$$P = 61\,602 \quad ; \quad Q = 45\,521$$

$$R = 504\,531 \quad ; \quad S = 778\,111$$

A. P **B.** Q **C.** R **D.** S

Q107. Quel est le plus petit multiple commun aux nombres 504 et 1 176 ?

A. 3 **B.** 8 **C.** 168 **D.** 196

Q108. Quel est le reste de la division entière de 629 par 78 ?

A. 2 **B.** 33 **C.** 4 **D.** 5

Q109. Quel est environ la valeur de : $P = (1{,}01)^5$?

A. 1,5 **B.** 1,05 **C.** 1,005 **D.** 1,00005

Q110. Calculer : $P = (3\sqrt{8} - 5\sqrt{2} + 7\sqrt{18})^2$

A. 968 **B.** 896 **C.** 654 **D.** 128

Q111. Donner une valeur approchée de la solution de l'équation : $\frac{1}{3}x + 7 = 5\left(2 - \frac{1}{2}x\right)$

A. 1 **B.** 2 **C.** 3 **D.** 4

Q112. Donner une solution de l'équation : $2x^2 - 3x = 2$

A. – 1 **B.** – 2 **C.** 1 **D.** 2

Q113. Donner une autre solution de la même équation :

A. – 0,5 **B.** – 1,5 **C.** 0,5 **D.** 1,5

Q114. Quel est le nombre de solutions de l'équation :

$$6 - 5x = -5(x - 1) + 1$$

A. 0 **B.** 1 **C.** 2 **D.** > 2

Q115. Donner la valeur de *x* solution du système :

$$\begin{cases} 3x + 2y = 5 \\ -2x + 5y = 3 \end{cases}$$

A. 0 **B.** 1 **C.** 2 **D.** 3

Test de résolution de problèmes

15 min

Pour remplir une petite baignoire de 24 L, une puéricultrice utilise un robinet d'eau chaude dont le débit est de 5 L/min et un robinet d'eau froide dont le débit est de 10 L/ min.

Q116. Combien de temps faut-il pour remplir la baignoire avec uniquement de l'eau chaude ?
A. 2 min 24 s **B.** 2 min 30 s **C.** 3 min 12 s **D.** 4 min 48 s

Q117. Combien de temps faut-il pour remplir la baignoire avec uniquement de l'eau froide ?
A. 2 min 24 s **B.** 2 min 30 s **C.** 3 min 12 s **D.** 4 min 48 s

Q118. Combien de temps faut-il pour remplir la baignoire en ouvrant complètement les deux robinets ?
A. 1 min 15 s **B.** 1 min 28 s **C.** 1 min 36 s **D.** 1 min 48 s

Q119. Eugénie parcourt en vélo la côte Saint-André (38) à la vitesse moyenne de 10 km/h en montant et à 30 km/h en descendant. Quelle est sa vitesse moyenne ?
A. 10 km/h **B.** 15 km/h **C.** 17,5 km/h **D.** 20 km/h

Aujourd'hui j'ai deux fois votre âge. Quand vous aurez mon âge, la somme de nos âges sera égale à 75 ans.

Q120. Quel est aujourd'hui l'âge de la personne qui parle ?
A. 15 ans **B.** 20 ans **C.** 30 ans **D.** 40 ans

Q121. Quel est aujourd'hui l'âge de son interlocuteur ?
A. 15 ans **B.** 20 ans **C.** 30 ans **D.** 40 ans

Q122. Fernand place 10 € sur un compte bancaire rémunéré à 10 % par an. Combien aura-t-il au bout de deux ans ?
A. 10,50 € **B.** 11,90 € **C.** 12 € **D.** 12,10 €

Jean part en vélo de Pamiers à 8 h et en direction de Foix, ville distante de 18 km. Il roule à 20 km/h en moyenne. Pierre fait le chemin inverse, il part de Foix à 8 h 15 en roulant à 30 km/h en moyenne.

Q123. À quelle heure (environ) vont-ils se croiser sur la route ?
A. 8 h 20 **B.** 8 h 30 **C.** 8 h 40 **D.** 8 h 45

Q124. À quelle distance de Pamiers vont-ils se croiser ?
A. 7,2 km **B.** 8,5 km **C.** 9,4 km **D.** 10,2 km

Q125. Tiago coupe une baguette de pain de 90 cm de long en trois coups de couteau pour former des morceaux identiques. Quelle est la longueur d'un morceau de pain ?
A. 30 cm **B.** 25 cm **C.** 22,5 cm **D.** 20 cm

Grille réponse

Avec un crayon, cochez vos réponses à chaque question.

	A	B	C	D		A	B	C	D		A	B	C	D
Q1					Q26					Q51				
Q2					Q27					Q52				
Q3					Q28					Q53				
Q4					Q29					Q54				
Q5					Q30					Q55				
Q6					Q31					Q56				
Q7					Q32					Q57				
Q8					Q33					Q58				
Q9					Q34					Q59				
Q10					Q35					Q60				
Q11					Q36					Q61				
Q12					Q37					Q62				
Q13					Q38					Q63				
Q14					Q39					Q64				
Q15					Q40					Q65				
Q16					Q41					Q66				
Q17					Q42					Q67				
Q18					Q43					Q68				
Q19					Q44					Q69				
Q20					Q45					Q70				
Q21					Q46					Q71				
Q22					Q47					Q72				
Q23					Q48					Q73				
Q24					Q49					Q74				
Q25					Q50					Q75				

	A	B	C	D
Q76				
Q77				
Q78				
Q79				
Q80				
Q81				
Q82				
Q83				
Q84				
Q85				
Q86				
Q87				
Q88				
Q89				
Q90				
Q91				
Q92				
Q93				
Q94				
Q95				
Q96				
Q97				
Q98				
Q99				
Q100				

	A	B	C	D
Q101				
Q102				
Q103				
Q104				
Q105				
Q106				
Q107				
Q108				
Q109				
Q110				
Q111				
Q112				
Q113				
Q114				
Q115				
Q116				
Q117				
Q118				
Q119				
Q120				
Q121				
Q122				
Q123				
Q124				
Q125				

Vous pouvez vous attribuer une note en comptant le nombre de bonnes réponses « B ».

$N = 0,16 \times B$

$N = 0,16 \times \square = \square$

Vos notes

CORRIGÉ DU SUJET N° 1

Test de raisonnement logique

Questions de Q1 à Q10 : se reporter à la grille réponse.

Q1 et Q2 : Les symboles décrivent la suite en ne retenant qu'une image sur deux et en suivant la flèche.

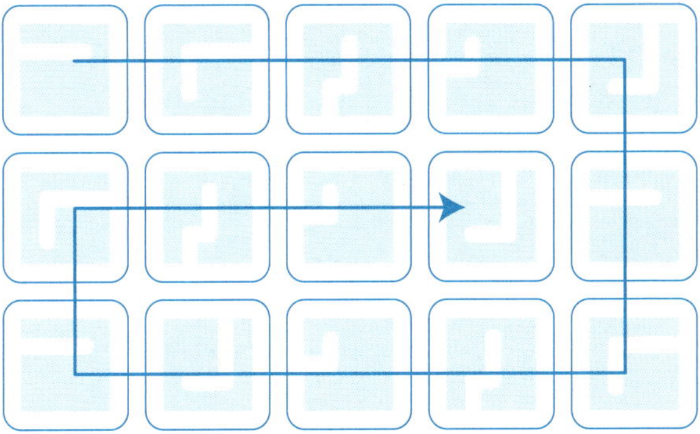

Q3 et Q4 : Les symboles décrivent la suite en sens inverse et en suivant la flèche.

Q5 et Q6 : Les symboles décrivent la suite en sens inverse en ne retenant qu'une image sur deux et en suivant la flèche.

Q7 et Q8 : Les symboles décrivent la suite en ne retenant qu'une image sur deux et en suivant la flèche.

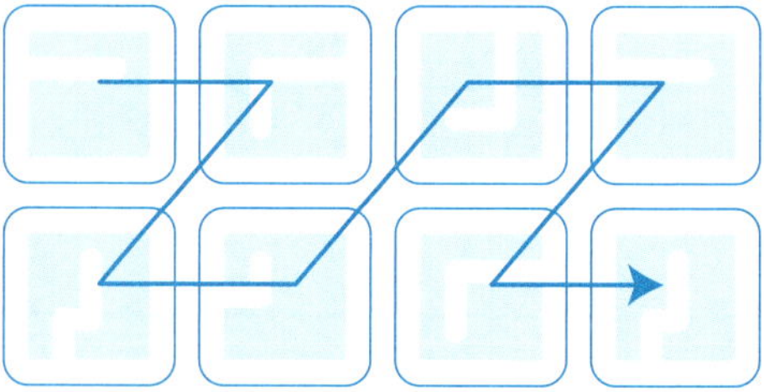

Q9 et Q10 : Les symboles décrivent la suite en sens inverse et en suivant la flèche.

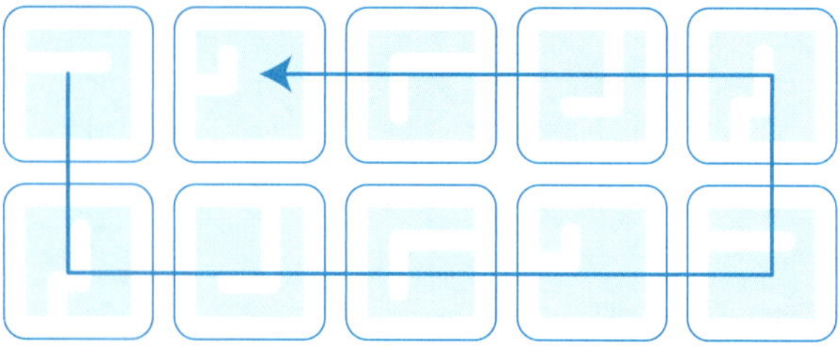

Test de concentration

Q11. Il y a **4** images identiques. Réponse **D.**

Q12. Il y a **3** images identiques. Réponse **C.**

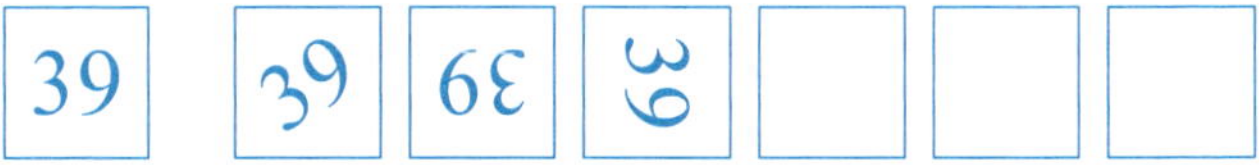

Q13. Il y a **6** images identiques. Réponse **D.**

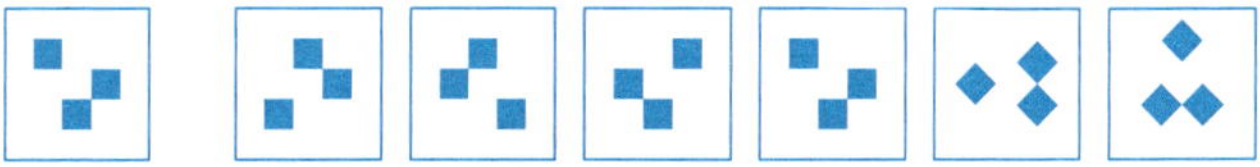

Q14. Il y a **2** images identiques. Réponse **B.**

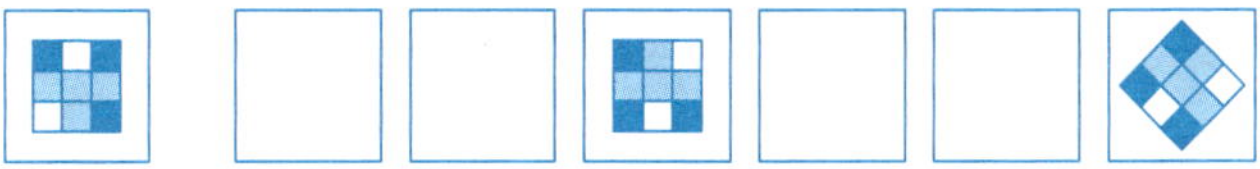

Q15. Il y a **4** images identiques. Réponse **D.**

Q16. Il y a **4** images identiques. Réponse **D.**

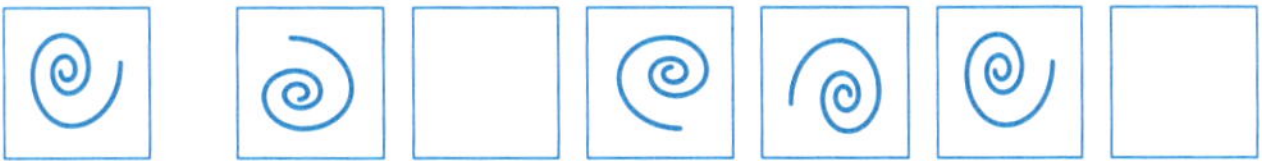

Q17. Il y a **2** images identiques. Réponse **B.**

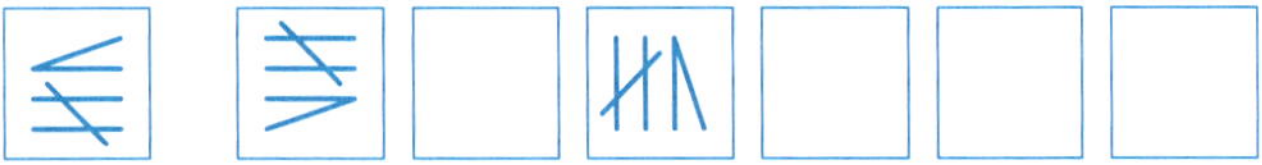

Q18. Il y a **2** images identiques. Réponse **B.**

Q19. Il y a **4** images identiques. Réponse **D.**

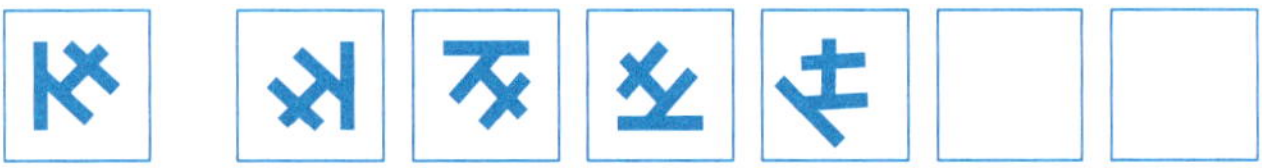

Q20. Il y a **1** image identique. Réponse **A.**

Q21. Il y a **4** images identiques. Réponse **D.**

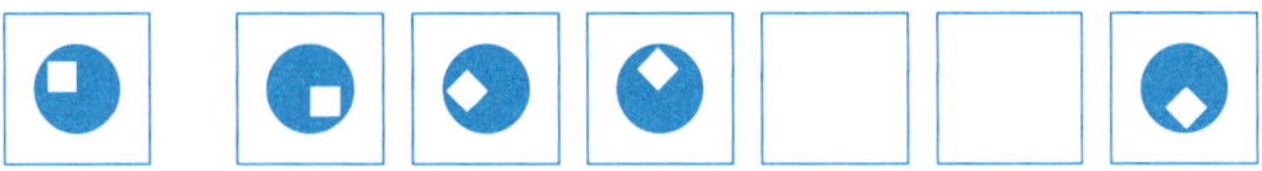

Q22. Il y a **2** images identiques. Réponse **B.**

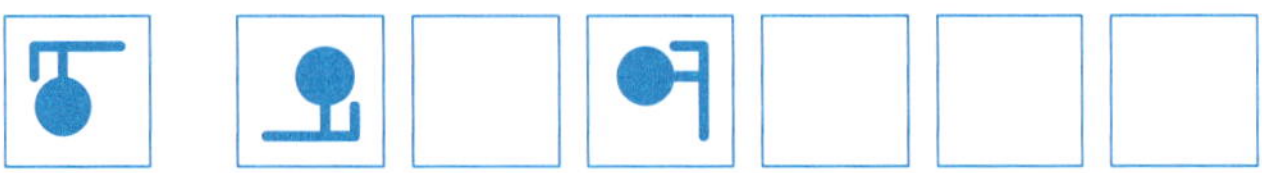

Q23. Il y a **2** images identiques. Réponse **B.**

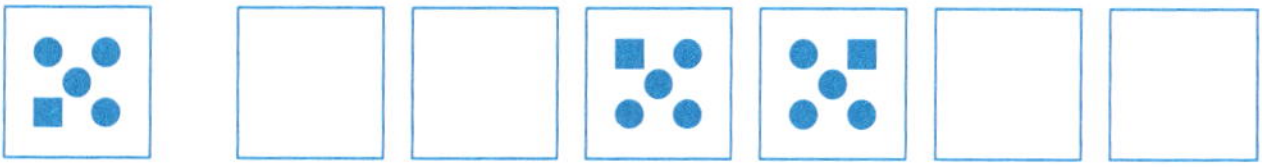

Q24. Il y a **1** image identique. Réponse **A.**

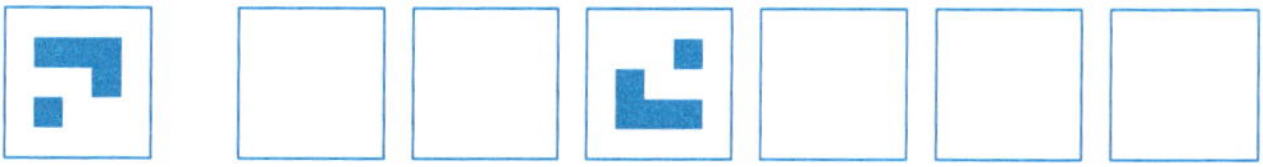

Q25. Il y a **4** images identiques. Réponse **D.**

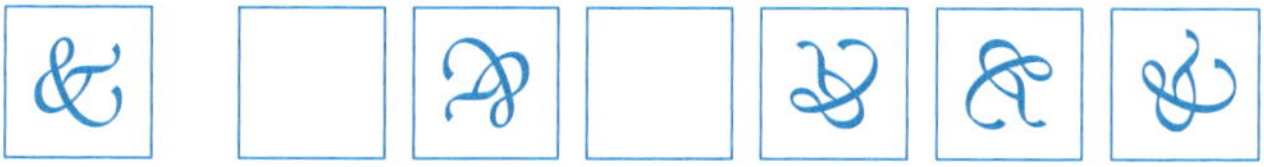

Test de concentration

Q26. Il y a **10** images identiques. Réponse **C.**

Q27. Il y a **13** images identiques. Réponse **A**.

Q28. Il y a **8** images identiques. Réponse **D**.

Q29. Il y a **6** images identiques. Réponse **B**.

Q30. Il y a **15** images identiques. Réponse **B**.

Q31. Il y a **4** images identiques. Réponse **C**.

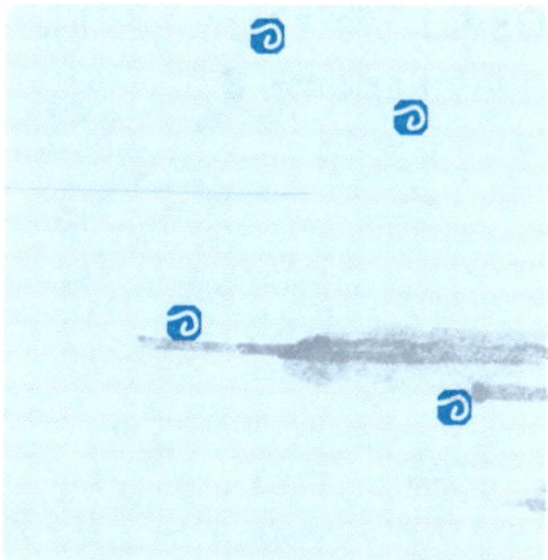

Q32. Il y a **11** images identiques. Réponse **A**.

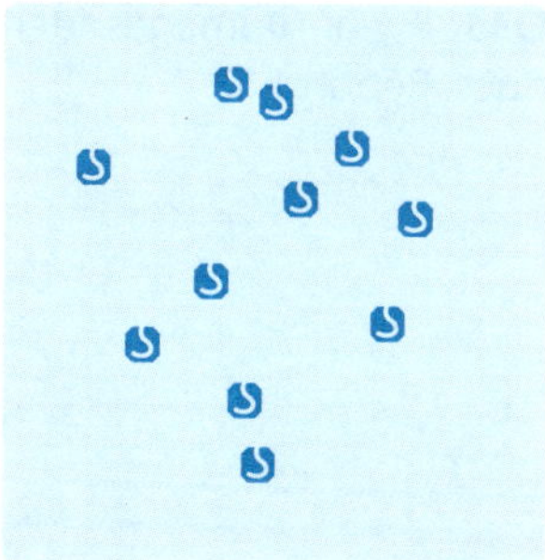

Q33. Il y a **9** images identiques. Réponse **D**.

Q34. Il y a **13** images identiques. Réponse **B**.

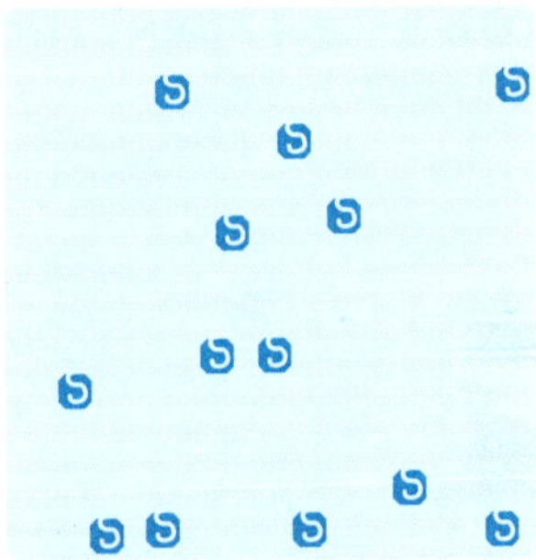

Q35. Il y a **10** images identiques. Réponse **C**.

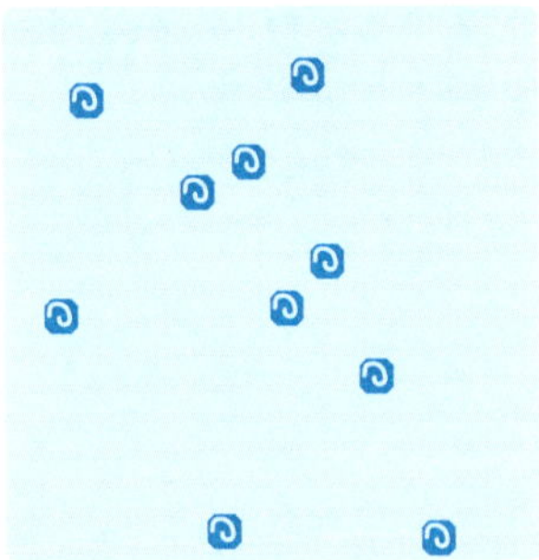

Test de raisonnement analogique

Questions de Q36 à Q60 : se reporter à la grille réponse.

On associe à chaque lettre son rang dans l'ordre alphabétique.

A	B	C	D	E	F	G	H	I	J	K	L	M
1	2	3	4	5	6	7	8	9	10	11	12	13
N	**O**	**P**	**Q**	**R**	**S**	**T**	**U**	**V**	**W**	**X**	**Y**	**Z**
14	15	16	17	18	19	20	21	22	23	24	25	26

De Q36 à Q40. On ajoute le rang de la première lettre avec le nombre qui suit. On remplace dans la troisième case, le résultat obtenu par la lettre associée. On poursuit ainsi le processus. Ainsi : A = 1 ; 1 + 2 = 3 ; 3 = C.

A 2 C 4 G –5 B 3 E –2 C 1 D –3 A 5 F

AD 5	FM 19	DT 24	ADE 10	BFM 21	NRJ 42

De Q41 à Q45. Dans chaque bloc, on fait la somme des lettres du côté gauche du bloc et on écrit le résultat dans le côté droit du bloc.

R W	H P	K Y	B X	T W	E T
+ ↗					
E =	H	N	V	C	O

De Q46 à Q50. Dans chaque bloc, on fait la somme des rangs des deux lettres superposées. Le résultat est le rang de la troisième lettre. On place cette lettre dans le bloc.

B F	D T	F R	B T	F X	M Z
× C =	E	C	J	D	B

De Q51 à Q55. Dans chaque bloc, on fait le produit des rangs des deux lettres en diagonale. Le résultat est le rang de la troisième lettre. On place cette lettre dans le bloc.

Test de raisonnement logique

On dessine trois cercles comme sur l'image de la page 50. Dans l'intersection des trois cercles, il faut placer le nombre d'élèves étudiant les trois langues. Ils représentent 10 % de l'effectif total.

• Si 35 % d'élèves étudient au moins l'anglais et l'allemand, il y a alors 35 % – 10 % = 25 % d'entre eux qui étudient uniquement l'anglais et l'allemand. On place cette valeur à l'intersection des cercles « anglais » et « allemand ». Repère ***a***.

• Si 25 % d'élèves étudient au moins l'anglais et l'espagnol, il y a alors 25 % – 10 % = 15 % d'entre eux qui étudient uniquement l'anglais et l'espagnol. On place cette valeur à l'intersection des cercles « anglais » et « espagnol ». Repère ***b***.

• Si 30 % d'élèves étudient au moins l'allemand et l'espagnol, il y a alors 30 % – 10 % = 20 % d'entre eux qui étudient uniquement l'allemand et l'espagnol. On place cette valeur à l'intersection des cercles « allemand » et « espagnol ». Repère ***c***.

• Comme il y a 65 % d'élèves qui étudient l'anglais, il y a : 65 % – (25 % + 10 % + 15 %) = 15 % d'élèves qui étudient uniquement l'anglais. On place cette valeur à côté de « anglais ». Repère ***d***.

• Comme il y a 60 % d'élèves qui étudient l'allemand, il y a : 60 % – (25 % + 10 % + 20 %) = 5 % d'élèves qui étudient uniquement l'allemand. On place cette valeur à côté de « allemand ». Repère ***e***.

• Comme il y a 50 % d'élèves qui étudient l'espagnol, il y a : 50 % – (15 % + 10 % + 20 %) = 5 % d'élèves qui étudient uniquement l'espagnol. On place cette valeur à côté de « espagnol ». Repère ***f***.

• En additionnant tous les pourcentages, on remarque qu'il y a 5 % d'élèves qui n'étudient pas les langues citées. Repère ***g***.

Réponses aux questions posées :

Q56. La section littéraire compte 200 élèves. 10 % de 200 élèves représente 20 élèves. Réponse **A**.

Q57. On lit dans le schéma ci-après : 15 %. Réponse **C**.

Q58. On lit dans le schéma ci-après : 5 %. Réponse **A**.

Q59. On lit dans le schéma ci-après : 5 %. Réponse **A**.

Q60. On lit dans le schéma ci-dessous : 25 %. Réponse **C**.

Q61. On lit dans le schéma ci-dessous : 15 %. Réponse **C**.

Q62. On lit dans le schéma ci-dessous : 20 %. Réponse **D**.

Q63. On lit dans le schéma ci-dessous : 5 %. Réponse **A**.

Q64. On obtient : 25 % + 20 % + 15 % = 60 %. Réponse **B**.

Q65. On obtient : 100 % – 10 % = 90 %. Réponse **B**.

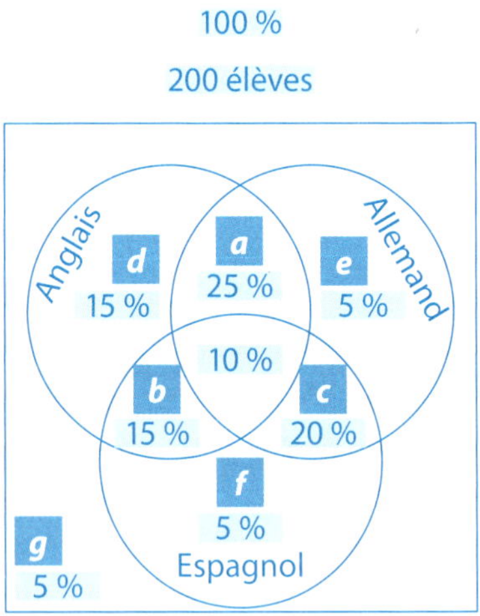

Test d'abstraction

Pour les corrigés suivants, les transformations demandées sont ici appliquées. On a donc les images transformées et les superpositions des images.

Q66. Réponse **A.**

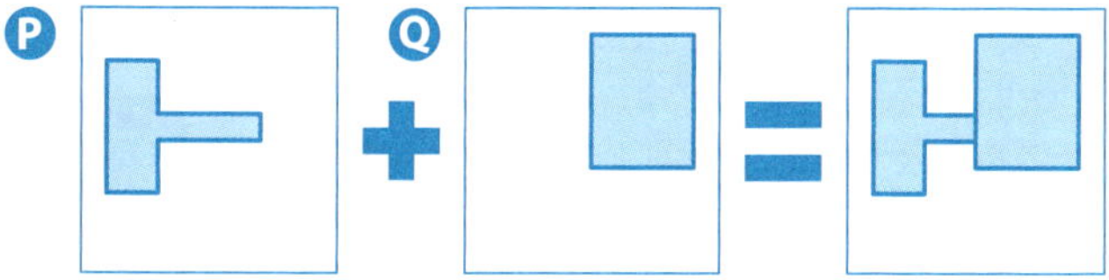

Q67. Réponse **D.**

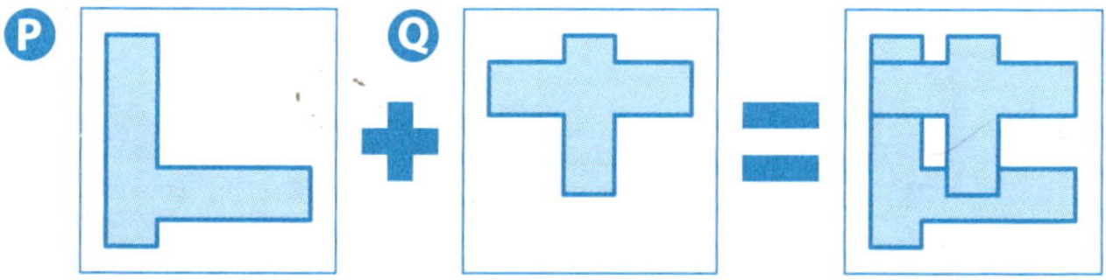

Q68. Réponse **B.**

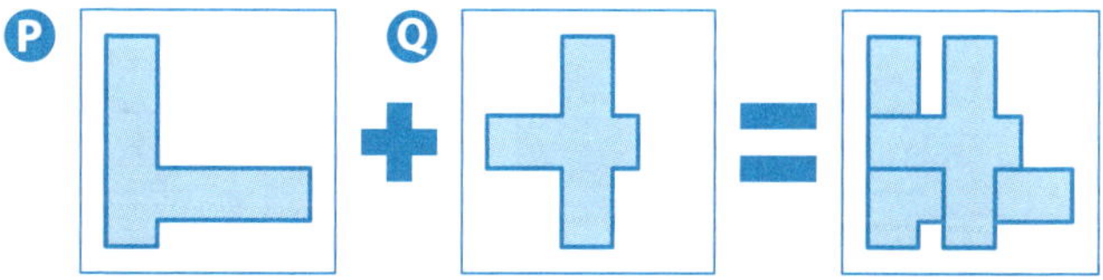

Q69. Réponse **C.**

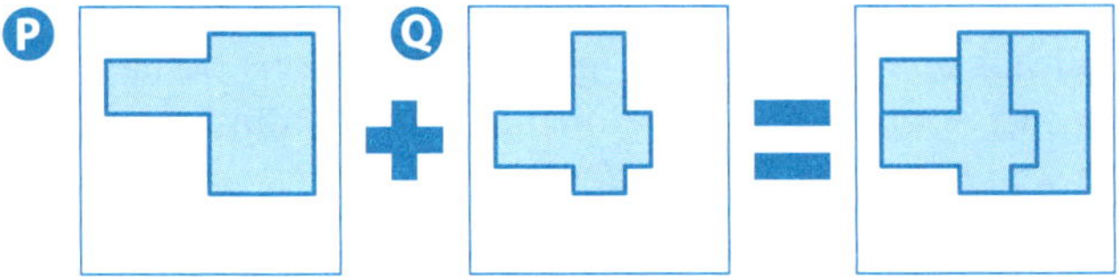

Q70. Réponse **A.**

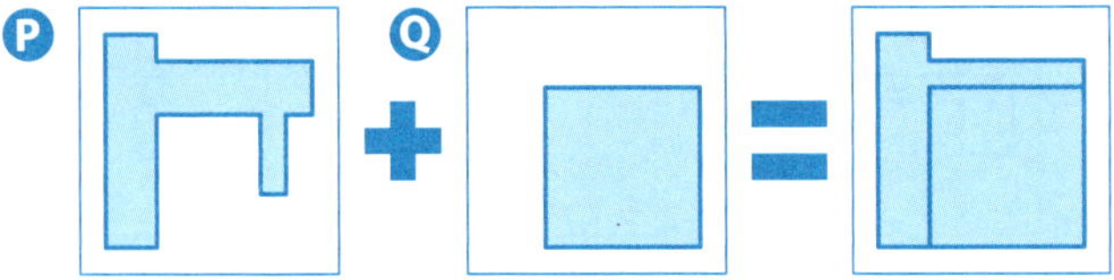

Q71. Réponse **B.**

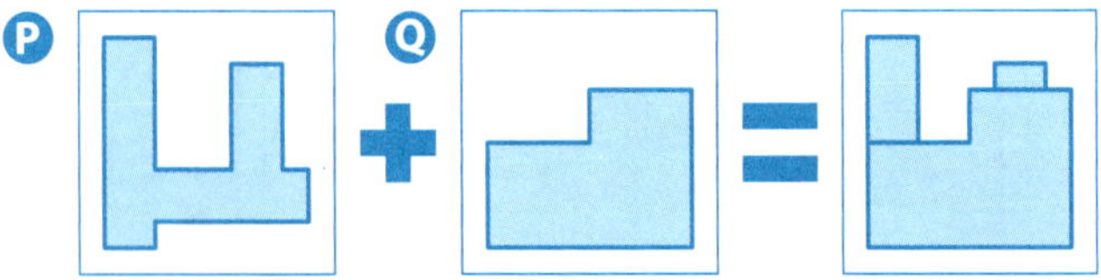

Q72. Réponse **B.**

Q73. Réponse **B**.

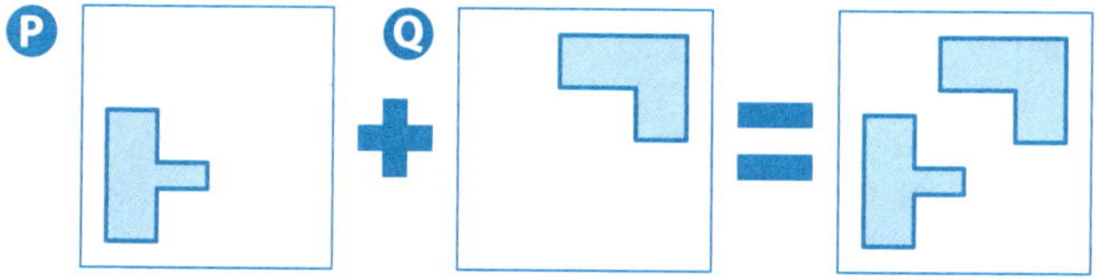

Q74. Réponse **A**.

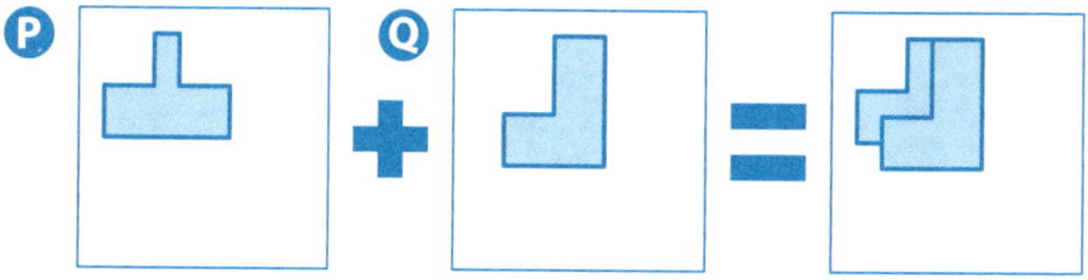

Q75. Réponse **C**.

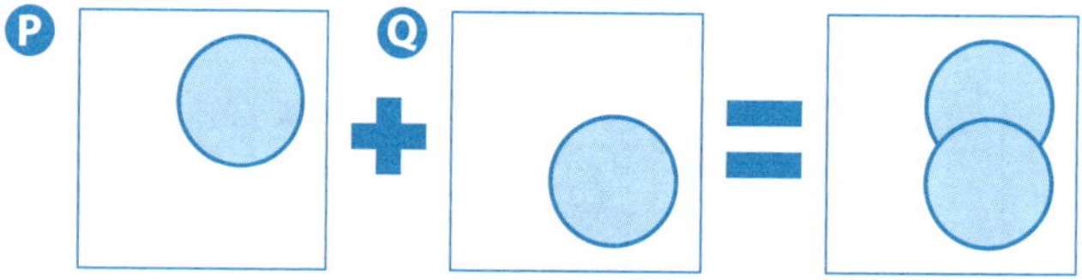

Q76. Réponse **D**.

Q77. Réponse **D**.

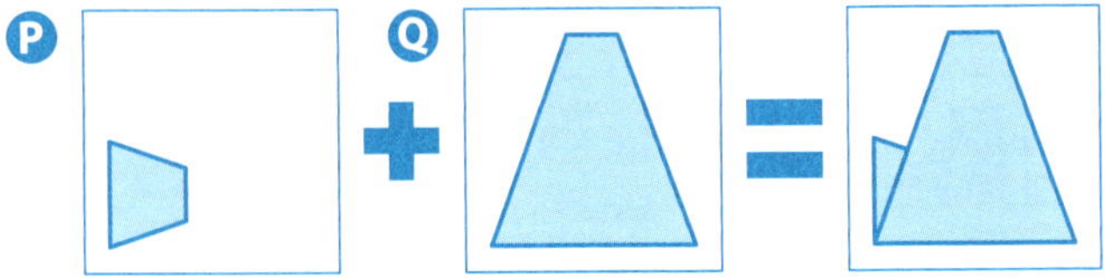

Q78. Réponse **D**.

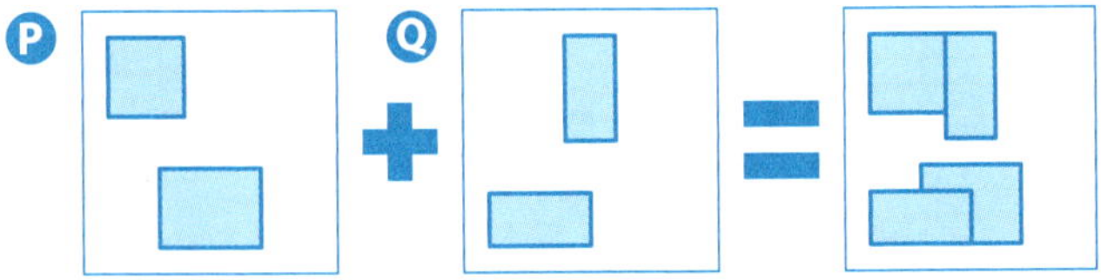

Q79. Réponse **A**.

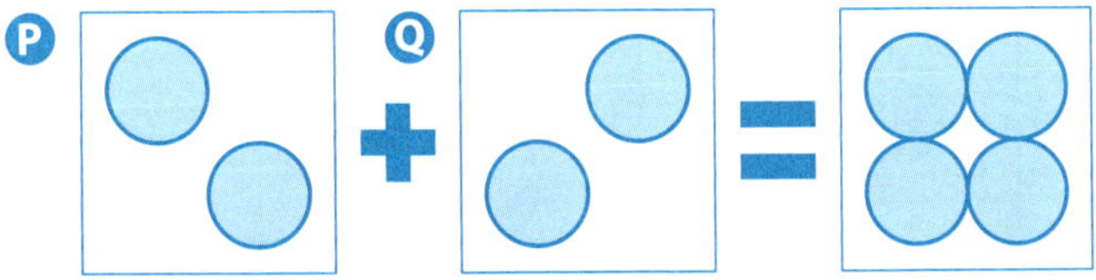

Q80. Réponse **C**.

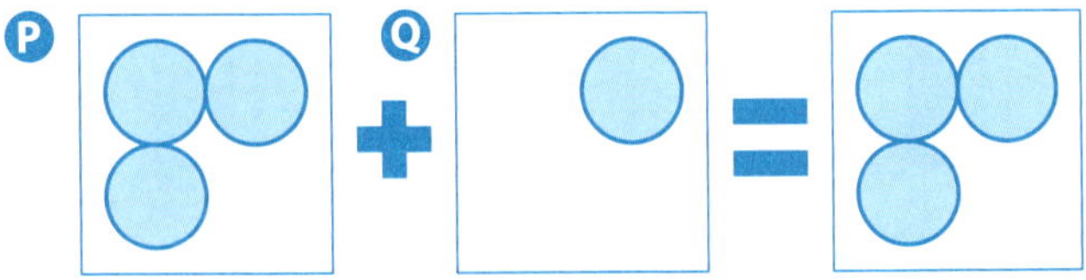

Test de raisonnement logique

Quand on dit la vérité en affirmant qu'une proposition « A » entraîne une proposition « B », on ne peut écrire que trois propositions logiques qui sont toujours vraies.

- *Quand on affirme la proposition « A », la proposition « B » doit être vraie.*
- *Quand on affirme la proposition « B », on ne sait pas si la proposition « A » est vraie ou fausse.*
- *Quand on nie la proposition « B », la proposition « A » doit être niée.*
- *Quand on nie la proposition « A », la proposition « B » peut être vraie au fausse.*

En revanche, si on affirme la proposition « A », on n'écrit pas la vérité en niant la proposition « B ».

On consigne les quatre possibilités dans le tableau ci-dessous.

Si *A*	alors *B*	Conclusion
Fausse	Fausse	Proposition logiquement vraie
Fausse	Vraie	Proposition logiquement vraie
Vraie	Fausse	Proposition logiquement fausse
Vraie	Vraie	Proposition logiquement vraie

Q81. La proposition « A » est : « Chaque fois que TAILLOT s'enfuit ».
La proposition « B » est : « Mme MARTIN pleure ».

Quand on affirme la proposition « B », on ne sait pas si la proposition « A » est vraie ou fausse.
On ne peut donc pas conclure, réponse **C**.

Q82. La proposition « A » est : « Chaque fois que MINOU miaule ».
La proposition « B » est : « Mme MARTIN crie ».
Quand on nie la proposition « B », la proposition « A » doit être niée.
La réponse est NON, réponse **B**.

Q83. La proposition « A » est : « Chaque fois que l'âne brait ».
La proposition « B » est : « Mme MARTIN rit ».
M. MARTIN dit à son voisin que sa femme ne rit pas.
Quand on nie la proposition « B », la proposition « A » doit être niée. La réponse est OUI, réponse **A**.

Q84. La proposition « A » est : « Chaque fois que le MINOU est dans la maison ».
La proposition « B » est : « TAILLOT aboie... ».
Quand on nie la proposition « B », la proposition « A » doit être niée. La réponse est OUI, réponse **A**.

Q85. La proposition « A » est : « Chaque fois que l'âne brait ».
La proposition « B » est : « TAILLOT aboie ce qui fait peur à MINOU qui se cache sous le canapé ».
Quand on nie la proposition « B », la proposition « A » doit être niée. La réponse est NON, réponse **B**.

Q86. La proposition « A » est : « Chaque fois que son mari crie ».
La proposition « B » est : « MINOU se cache sous le lit ».
Quand on affirme la proposition « B », on ne sait pas si la proposition « A » est vraie ou fausse.
On ne peut donc pas conclure, réponse **C**.

Q87. La proposition « A » est : « Chaque fois qu'il donne du pain à l'âne ».
La proposition « B » est : « ce qui fait à son tour pleurer Mme MARTIN ».
Quand on affirme la proposition « B », on ne sait pas si la proposition « A » est vraie ou fausse.
On ne peut donc pas conclure, réponse **C**.

Q88. La proposition « A » est : « Toute jeune femme se présentant seule ».
La proposition « B » est : « (elle) se verra offrir l'entrée dans l'établissement ».
Quand on nie la proposition « B », la proposition « A » doit être niée. La réponse est OUI, réponse **A**.

Q89. La proposition « A » est : « Chaque fois que le facteur passe ».
La proposition « B » est : « le chien TAILLOT aboie ».
Pour la proposition de réponse **B**.

Quand on nie la proposition « B », la proposition « A » doit être niée. La réponse est VRAIE.
La proposition « A » est : « Chaque fois que TAILLOT aboie ».
La proposition « C » est : « M. MARTIN sort de sa maison ».
Pour les propositions de réponse **A** et **C**.
Quand on nie la proposition « A », la proposition « B » peut être vraie au fausse.

Q90. La proposition « A » est : « Chaque fois que TAILLOT remue la queue ».
La proposition « B » est : « M. MARTIN caresse le chien ».
Pour la proposition de réponse **D**.
Quand on nie la proposition « B », la proposition « A » doit être niée. La réponse est VRAIE.
La proposition « A » est : « Chaque fois que Mme MARTIN rentre chez elle ».
La proposition « B » est : « le chien TAILLOT remue la queue ».
Pour la proposition de réponse **B**.
Quand on nie la proposition « B », la proposition « A » doit être niée. La réponse est VRAIE.

Q91. La proposition « A » est : « le malade ne guérit pas ».
La proposition « B » est : « il ne se rend pas à son travail ».
Pour la proposition de réponse **B**.
Quand on affirme la proposition « B », on ne sait pas si la proposition « A » est vraie ou fausse. On ne sait donc pas si la personne est malade ou non. De même, on ne peut pas savoir si le médecin se trompe de diagnostic.
Seule la proposition **D** est vraie.

Q92. La proposition « A » est : « Quand le chat grimpe à l'arbre ».
La proposition « B » est : « le moineau s'envole ».
Pour la proposition de réponse **A**.
Quand on affirme la proposition « B », on ne sait pas si la proposition « A » est vraie ou fausse. La réponse est VRAIE.
Comme on ne sait pas si le chat grimpe à l'arbre, on ne sait pas si le chien poursuit le chat. Les propositions de réponse **C** et **D** n'ont pas de rapport avec l'énoncé.

Q93. La proposition « A » est : « Quand le chat n'est pas là ».
La proposition « B » est : « les souris dansent ».
Quand on affirme la proposition « B », on ne sait pas si la proposition « A » est vraie ou fausse.
La seule proposition vraie est la proposition **D**.

Q94. La proposition « A » est : « Quand le chat dort ».
La proposition « B » est : « les souris dansent ».
Quand on nie la proposition « B », la proposition « A » doit être niée. La proposition fausse est la proposition **A**.

Q95. La proposition « A » est : « Quand le chien part à la chasse ».
La proposition « B » est : « le chat prend sa place ».
Quand on affirme la proposition « B », on ne sait pas si la proposition « A » est vraie ou fausse.
La seule proposition vraie est la proposition **C**.

Q96. La proposition « A » est : « Quand le chat part à la chasse ».
La proposition « B » est : « le chien prend sa place dans le fauteuil ».
Quand on affirme la proposition « B », on ne sait pas si la proposition « A » est vraie ou fausse.
Les propositions vraies sont les propositions **B** et **C**.

Q97. La proposition « A » est : « Quand le chat part chasser ».
La proposition « B » est : « les souris ne dansent plus ». De plus, on ne sait pas si le chat est parti à la chasse.
Les quatre propositions sont fausses.

Q98. La proposition « A » est : « Au-delà de deux verres de vin ».
La proposition « B » est : « une personne n'a plus le droit de conduire un véhicule car son taux d'alcoolémie dépasse le seuil fixé par la loi ».
Quand on affirme la proposition « B », on ne sait pas si la proposition « A » est vraie ou fausse.
Les deux propositions dont on ne peut pas affirmer si elles sont fausses ou exactes sont les propositions **A** et **B**.

Q99. Les deux propositions dont on ne peut pas affirmer si elles sont fausses ou exactes sont les propositions **C** et **D**. En effet, rien n'est dit dans l'énoncé au sujet de ces propos.

Q100. La proposition « A » est : « Quand les feuilles des arbres tombent ».
La proposition « B » est : « l'automne arrive ».
Quand on affirme la proposition « A », la proposition « B » doit être vraie.
Les proposition de réponse **A** est fausse donc à retenir. Les autres propositions n'ont pas un lien direct avec l'énoncé.

Test d'aptitudes numériques

Q101. Réponse **C**.
Appliquer correctement les priorités des opérations.

$$A = 3 \times 2^2 + 25 \times 5^{-1}$$
$$A = 3 \times 4 + 25 \div 5 \quad ; \quad A = 12 + 5 \quad ; \quad \boxed{A = 17}$$

Q102. Réponse **A**.
On calcule chaque expression, puis on réduit les fractions au même dénominateur. Pour comparer les résultats, il suffit alors de comparer les numérateurs.

$$P = \left(1 - \frac{1}{2}\right)^3 = \left(\frac{2}{2} - \frac{1}{2}\right)^3 = \left(\frac{1}{2}\right)^3 = \boxed{\frac{1}{8}} = \frac{45}{360}$$
$$Q = \left(\frac{1}{3} - 2\right)^2 = \left(\frac{1}{3} - \frac{6}{3}\right)^2 = \left(\frac{-5}{3}\right)^2 = \boxed{\frac{25}{9}} = \frac{1\,000}{360}$$
$$R = \frac{1}{1 + \frac{1}{5}} = \frac{1}{\frac{5}{5} + \frac{1}{5}} = \frac{1}{\frac{6}{5}} = \boxed{\frac{5}{6}} = \frac{300}{360}$$
$$S = \left(\frac{1}{4} + 1\right)^{-1} = \left(\frac{1}{4} + \frac{4}{4}\right)^{-1} = \left(\frac{5}{4}\right)^{-1} = \boxed{\frac{4}{5}} = \frac{288}{360}$$
$$T = \left(\frac{1}{2} + \frac{1}{4}\right)^{-2} = \left(\frac{2}{4} + \frac{1}{4}\right)^{-2} = \left(\frac{3}{4}\right)^{-2} = \boxed{\frac{16}{9}} = \frac{640}{360}$$
$$\boxed{P < S < R < T < Q}$$

Q103. Réponse **A**.
On calcule chaque expression, puis on réduit les fractions au même dénominateur. Pour comparer les résultats, il suffit alors de comparer les numérateurs.

Q104. Réponse **B**.
Seul le nombre **Q** est supérieur à 2.

Q105. Réponse **C**.
On calcule l'expression en utilisant les puissances de 10.

$$A = (250 \times 400 \times 10^{-4})^2$$
$$A = (25 \times 10^1 \times 4 \times 10^2 \times 10^{-4})^2$$
$$A = (25 \times 4 \times 10^{1+2-4})^2 \quad ; \quad A = (10^2 \times 10^{-1})^2$$
$$A = (10^{2-1})^2 \quad ; \quad A = (10)^2 \quad ; \quad \boxed{A = 100}$$

Q106. Réponse **C**.
Un nombre entier est divisible par 9 si la somme de ses chiffres est un multiple de 9.

$$P \longrightarrow 6 + 1 + 6 + 0 + 2 = 15$$
$$Q \longrightarrow 4 + 5 + 5 + 2 + 1 = 17$$
$$R \longrightarrow 5 + 0 + 4 + 5 + 3 + 1 = \boxed{18}$$
$$S \longrightarrow 7 + 7 + 8 + 1 + 1 + 1 = 25$$

Q107. Réponse **C**.
On décompose les deux nombres en produits de nombres premiers avant de chercher le PPMC.

$$\left.\begin{cases} 504 = 8 \times 9 \times 7 = 2^3 \times 3^2 \times 7 \\ 1\,176 = 8 \times 3 \times 49 = 2^3 \times 3 \times 7^2 \end{cases}\right\} \Longrightarrow$$

$$\text{PPMC} = 2^3 \times 3 \times 7 = \boxed{168}$$

Q108. Réponse **D**.
On effectue la division entière de 629 par 78 :

$$\begin{array}{r|l} 629 & 78 \\ \hline -624 & 8 \\ \hline 5 & \end{array}$$

Q109. Réponse **C**.

$$P = (1{,}01)^5 = (1 + 0{,}01)^5 \approx 1 + 5 \times 0{,}01 \approx \boxed{1{,}05}$$

Q110. Réponse **A**.
On décompose chaque racine avant de simplifier.

$$P = (3\sqrt{8} - 5\sqrt{2} + 7\sqrt{18})^2$$
$$P = (3\sqrt{4 \times 2} - 5\sqrt{2} + 7\sqrt{9 \times 2})^2$$
$$P = (3 \times 2\sqrt{2} - 5\sqrt{2} + 7 \times 3\sqrt{2})^2$$
$$P = (6\sqrt{2} - 5\sqrt{2} + 21\sqrt{2})^2$$
$$P = (22\sqrt{2})^2 = 22^2 \times 2 = 484 \times 2 = \boxed{968}$$

Q111. Réponse **A**.
On cherche d'abord la solution exacte de l'équation.

$$\frac{1}{3}x + 7 = 5\left(2 - \frac{1}{2}x\right) \Longleftrightarrow \frac{1}{3}x + 7 = 10 - \frac{5}{2}x \Longleftrightarrow$$

$$6 \times \left(\frac{1}{3}x + 7\right) = 6 \times \left(10 - \frac{5}{2}x\right) \Longleftrightarrow 2x + 42 = 60 - 15x$$

$$\Longleftrightarrow 2x + 15x = 60 - 42 \Longleftrightarrow 17x = 18 \Longleftrightarrow \boxed{x = \frac{18}{17} \approx 1}$$

Q112. Réponse **D**.

On résout l'équation sans utiliser les formules des équations du second degré.

$$2x^2 - 3x = 2$$

$$2x^2 - 3x - 2 = 0$$

$$2\left(x^2 - \frac{3}{2}x - 1\right) = 0$$

$$x^2 - \frac{3}{2}x - 1 = 0$$

$$\left(x - \frac{3}{4}\right)^2 - \left(\frac{3}{4}\right)^2 - 1 = 0$$

$$\left(x - \frac{3}{4}\right)^2 - \frac{9}{16} - \frac{16}{16} = 0$$

$$\left(x - \frac{3}{4}\right)^2 - \frac{25}{16} = 0$$

$$\left(x - \frac{3}{4}\right)^2 - \left(\frac{5}{4}\right)^2 = 0 \Longleftrightarrow a^2 - b^2 = (a - b)(a + b)$$

$$\left(x - \frac{3}{4} - \frac{5}{4}\right)\left(x - \frac{3}{4} + \frac{5}{4}\right) = 0 \Longrightarrow \begin{Bmatrix} x - \frac{3}{4} - \frac{5}{4} = 0 \\ x - \frac{3}{4} + \frac{5}{4} = 0 \end{Bmatrix} \Longleftrightarrow$$

$$\begin{Bmatrix} x - 2 = 0 \\ x + \frac{1}{2} = 0 \end{Bmatrix} \Longleftrightarrow \begin{Bmatrix} x = 2 \\ x = -\frac{1}{2} \end{Bmatrix}$$

Q113. Réponse **A**.

Q114. Réponse **D**.

$$6 - 5x = -5(x-1) + 1$$
$$6 - 5x = -5x + 5 + 1$$
$$6 - 5x = -5x + 6 \Longleftrightarrow \boxed{0x = 0}$$

Tous les nombres sont solutions donc il y a une infinité de solutions.

Q115. Réponse **B**.
On résout partiellement le système par la méthode des déterminants.

$$\begin{cases} 3x + 2y = 5 \\ -2x + 5y = 3 \end{cases}$$

$$Det = \begin{vmatrix} 3 & 2 \\ -2 & 5 \end{vmatrix} = 3\times5 - (-2)\times2 = 15 + 4 = 19$$

$$Det_x = \begin{vmatrix} 5 & 2 \\ 3 & 5 \end{vmatrix} = 5\times5 - 3\times2 = 25 - 6 = 19$$

$$x = \frac{Det_x}{Det} = \frac{19}{19} \Longleftrightarrow \boxed{x = 1}$$

Test de résolution de problèmes

Q116. Réponse **D**.
Avec un robinet d'eau chaude dont le débit est de 5 L/min, la durée de remplissage de la baignoire est égal à :

$$t = \frac{Vol}{Débit} \quad ; \quad t = \frac{24\ \text{L}}{5\ \text{L/min}} = 4{,}8\ \text{min}$$

$$t = 4\ \text{min} + 0{,}8 \times 60\ \text{s} = \boxed{4\,\text{min}\ 48\ \text{s}}$$

Q117. Réponse **A**.
Avec un robinet d'eau froide dont le débit est de 10 L/min, la durée de remplissage de la baignoire est égal à la moitié de la durée précédente soit **2 min 24 s**.

Q118. Réponse **C**.
En ouvrant complètement les deux robinets le débit de remplissage est égal à 5 L/min + 10 L/min = 15 L/min.

La durée de remplissage de la baignoire est alors égal à :

$$t = \frac{Vol}{Débit} \quad ; \quad t = \frac{24\ \text{L}}{15\ \text{L/min}} = 1{,}6\ \text{min}$$

$$t = 1\ \text{min} + 0{,}6 \times 60\ \text{s} = \boxed{1\text{min}\ 36\ \text{s}}$$

Q119. Réponse **B**.
On suppose que la côte a une distance *d* à l'aller et au retour. On calcule alors en fonction de *d*, les durées des montée et descente. On en déduit enfin la vitesse moyenne.

$$t = \frac{d}{v} \longrightarrow t_{aller} = \frac{d}{10} \quad ; \quad t_{retour} = \frac{d}{30}$$

$$Vmoy = \frac{d + d}{t_{aller} + t_{retour}} = \frac{2d}{\frac{d}{10} + \frac{d}{30}} = \frac{2}{\frac{1}{10} + \frac{1}{30}} =$$

$$\frac{2}{\frac{3+1}{30}} = \frac{2 \times 30}{4} = \frac{30}{2} = 15 \quad ; \quad \boxed{Vmoy = 15 \text{ km/h}}$$

Q120. Réponse **C**.

On note x l'âge de la personne qui parle aujourd'hui et y l'âge de son interlocuteur.

« Aujourd'hui j'ai deux fois votre âge » s'écrit : $x = 2y$.

« Quand vous aurez mon âge » l'âge de l'interlocuteur sera égal à x ans et l'âge de celui qui parle sera égal à $x + y$ ans.

« La somme de nos âges sera égale à 75 ans » s'écrit :

$$(x + y) + x = 75 \Longleftrightarrow 2x + y = 75$$

On résout alors le système formé par les deux équations :

$$\begin{Bmatrix} x = 2y \\ 2x + y = 75 \end{Bmatrix} \Longleftrightarrow \begin{Bmatrix} x = 2y \\ 4y + y = 75 \end{Bmatrix} \Longleftrightarrow \begin{Bmatrix} x = 2y \\ 5y = 75 \end{Bmatrix} \Longleftrightarrow$$

$$\begin{Bmatrix} y = \frac{75}{5} = 15 \\ x = 2 \times 15 = 30 \end{Bmatrix} \quad ; \quad \boxed{x = 30 \quad ; \quad y = 15}$$

Q121. Réponse **A**.

Q122. Réponse **D**.
Au bout de deux ans en intérêts composés, son placement sera égal à :

$$S = 10 \times (1 + 10\,\%)^2 = 10 \times 1{,}1^2 = 10 \times 1{,}21 = \boxed{12{,}1}$$

Il disposera de **12,10 €**.

Q123-124. On note d la distance mesurée à partir de Pamiers à laquelle ils vont se croiser. À partir de 8 heures, on note t le temps au bout duquel ils vont se croiser.
Pour Jean et Pierre, on écrit respectivement les deux équations suivantes qui forment un système que l'on résout.

$$\begin{cases} d = 20 \times t \\ 18 - d = 30 \times (t - 0{,}25) \end{cases} \Leftrightarrow \begin{cases} d = 20t \\ 18 - 20t = 30t - 7{,}5 \end{cases}$$

$$\Leftrightarrow \begin{cases} d = 20t \\ 18 + 7{,}5 = 20t + 30t \end{cases} \Leftrightarrow \begin{cases} d = 20t \\ 25{,}5 = 50t \end{cases} \Leftrightarrow$$

$$\begin{cases} t = \dfrac{25{,}5}{50} \\ d = 20t \end{cases} \Leftrightarrow \begin{cases} t = 0{,}51 \\ d = 20 \times 0{,}51 \end{cases}$$

$$t = 0{,}51 \text{ h} = 0{,}51 \times 60 \text{ min} = 30{,}6 \text{ min}$$

$$t = 30 + 0{,}6 \times 60 \quad ; \quad t = 30 \text{ min } 36 \text{ s} \quad ; \quad \boxed{t \approx 30 \text{ min}}$$

$$d = 20 \times t = 20 \times 0{,}51 \quad ; \quad \boxed{d = 10{,}2 \text{ km}}$$

Remarque : Comme Pierre part un quart d'heure après Jean, il roule 15 minutes de moins. Or 15 min = 0,25 h. Cela explique pourquoi dans la seconde équation du système, il apparaît $t - 0{,}25$.

Q123. Réponse **B.** Les deux personnes se croisent à environ **8 h 30**.

Q124. Réponse **D.** Les deux personnes se croisent à **10,2 km** de Pamiers.

Q125. Réponse **C.**
Avec **trois** coups de couteaux, on forme **quatre** morceaux de pain. Chaque morceau de pain mesure alors :

$$L = \frac{90}{4} = 22,5 \quad ; \quad \boxed{L = 22,5 \text{ cm}}$$

Chaque morceau de pain mesure **22,5 cm**.

Grille corrigée

	A	B	C	D		A	B	C	D		A	B	C	D
Q1	×				Q26			×		Q51				×
Q2				×	Q27	×				Q52			×	
Q3			×		Q28				×	Q53			×	
Q4		×			Q29		×			Q54			×	
Q5			×		Q30		×			Q55	×			
Q6		×			Q31			×		Q56			×	
Q7	×				Q32	×				Q57			×	
Q8				×	Q33				×	Q58	×			
Q9	×				Q34		×			Q59	×			
Q10			×		Q35			×		Q60			×	
Q11				×	Q36	×				Q61			×	
Q12			×		Q37				×	Q62				×
Q13				×	Q38			×		Q63	×			
Q14		×			Q39		×			Q64		×		
Q15				×	Q40		×			Q65		×		
Q16				×	Q41	×				Q66	×			
Q17		×			Q42				×	Q67				×
Q18		×			Q43			×		Q68		×		
Q19				×	Q44			×		Q69			×	
Q20	×				Q45		×			Q70	×			
Q21				×	Q46		×			Q71		×		
Q22		×			Q47		×			Q72		×		
Q23		×			Q48			×		Q73		×		
Q24	×				Q49	×				Q74	×			
Q25				×	Q50				×	Q75			×	

	A	B	C	D
Q76				×
Q77				×
Q78				×
Q79	×			
Q80			×	
Q81			×	
Q82		×		
Q83	×			
Q84	×			
Q85		×		
Q86			×	
Q87			×	
Q88	×			
Q89		×		
Q90		×		×
Q91				×
Q92	×			
Q93				×
Q94	×			
Q95			×	
Q96		×	×	
Q97	×	×	×	×
Q98	×	×		
Q99			×	×
Q100	×			

	A	B	C	D
Q101			×	
Q102	×			
Q103	×			
Q104		×		
Q105			×	
Q106			×	
Q107			×	
Q108				×
Q109		×		
Q110	×			
Q111	×			
Q112				×
Q113	×			
Q114				×
Q115		×		
Q116				×
Q117	×			
Q118			×	
Q119		×		
Q120			×	
Q121	×			
Q122				×
Q123		×		
Q124				×
Q125			×	

Vos notes

SUJET N° 2

À la fin du sujet, vous disposez d'une grille pour cocher vos réponses.

Test de raisonnement logique

20 min

Voici une suite d'images qui se répète indéfiniment. ***Vous devez déterminer quelles sont les images qui doivent remplacer les images possédant un point d'interrogation.***

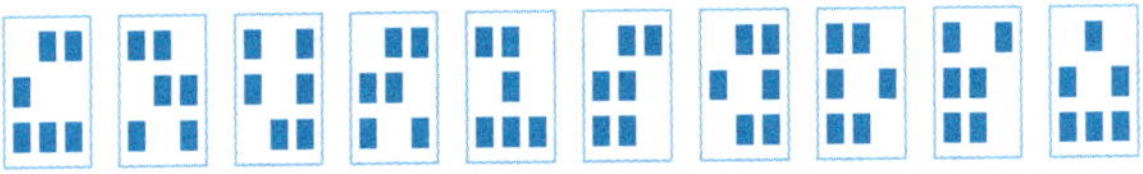

Q1. Quelle est l'image qui doit remplacer l'image « **?1** » ?

A.  **B.**  **C.**  **D.** 

Q2. Quelle est l'image qui doit remplacer l'image « **?2** » ?

A.  **B.**  **C.**  **D.** 

Q3. Quelle est l'image qui doit remplacer l'image « **?3** » ?

A.  **B.**  **C.**  **D.** 

Q4. Quelle est l'image qui doit remplacer l'image « **?4** » ?

A.  **B.**  **C.**  **D.** 

Q5. Quelle est l'image qui doit remplacer l'image « **?5** » ?

A.  **B.**  **C.**  **D.** 

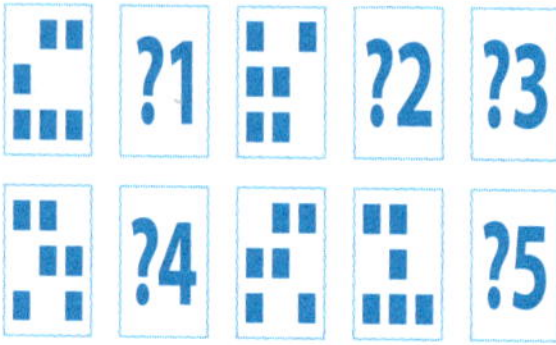

Q6. Quelle est l'image qui doit remplacer l'image « **?1** » ?

A.  **B.**  **C.**  **D.** 

Q7. Quelle est l'image qui doit remplacer l'image « **?2** » ?

A.  **B.**  **C.**  **D.** 

Q8. Quelle est l'image qui doit remplacer l'image « **?3** » ?

A.  **B.**  **C.**  **D.** 

Q9. Quelle est l'image qui doit remplacer l'image « **?4** » ?

A.  **B.**  **C.**  **D.** 

Q10. Quelle est l'image qui doit remplacer l'image « **?5** » ?

A.  **B.**  **C.**  **D.** 

On rappelle la suite des images.

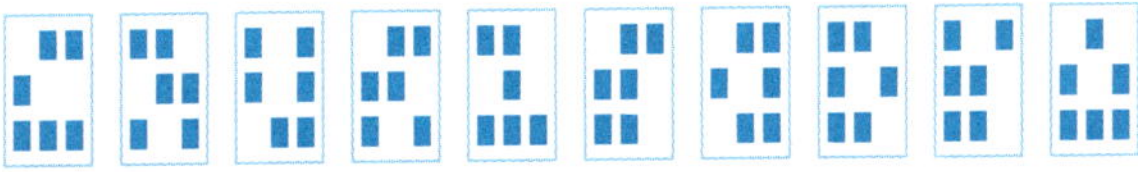

Q11. Quelle est l'image qui doit remplacer l'image « **?1** » ?

A.  **B.**  **C.**  **D.** 

Q12. Quelle est l'image qui doit remplacer l'image « **?2** » ?

A.  **B.**  **C.**  **D.** 

Q13. Quelle est l'image qui doit remplacer l'image « **?3** » ?

A.  **B.**  **C.**  **D.** 

Q14. Quelle est l'image qui doit remplacer l'image « **?4** » ?

A.  **B.**  **C.**  **D.** 

Q15. Quelle est l'image qui doit remplacer l'image « **?5** » ?

A.  **B.**  **C.**  **D.** 

On rappelle la suite des images.

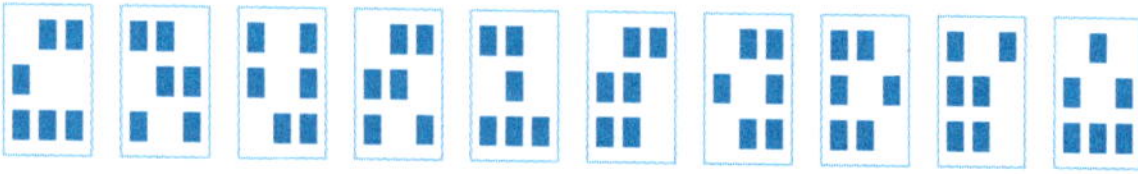

Q16. Quelle est l'image qui doit remplacer l'image « **?1** » ?

A.  **B.**  **C.**  **D.** 

Q17. Quelle est l'image qui doit remplacer l'image « **?2** » ?

A.  **B.**  **C.**  **D.** 

Q18. Quelle est l'image qui doit remplacer l'image « **?3** » ?

A.  **B.**  **C.**  **D.** 

Q19. Quelle est l'image qui doit remplacer l'image « **?4** » ?

A.  **B.**  **C.**  **D.** 

Q20. Quelle est l'image qui doit remplacer l'image « **?5** » ?

A.  **B.**  **C.**  **D.** 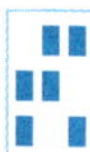

On rappelle la suite des images.

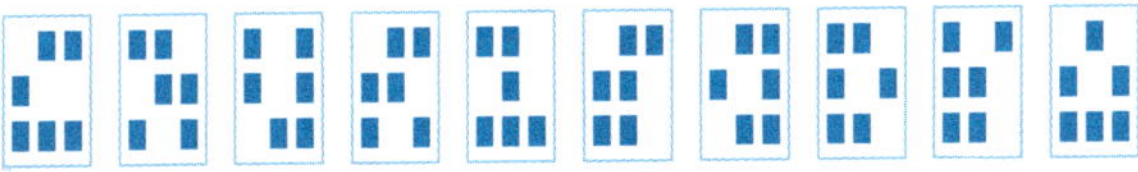

Q21. Quelle est l'image qui doit remplacer l'image « **?1** » ?

A.  **B.**  **C.**  **D.** 

Q22. Quelle est l'image qui doit remplacer l'image « **?2** » ?

A.  **B.**  **C.**  **D.** 

Q23. Quelle est l'image qui doit remplacer l'image « **?3** » ?

A.  **B.**  **C.**  **D.** 

Q24. Quelle est l'image qui doit remplacer l'image « **?4** » ?

A.  **B.**  **C.**  **D.** 

Q25. Quelle est l'image qui doit remplacer l'image « **?5** » ?

A.  **B.**  **C.**  **D.** 

On rappelle la suite des images.

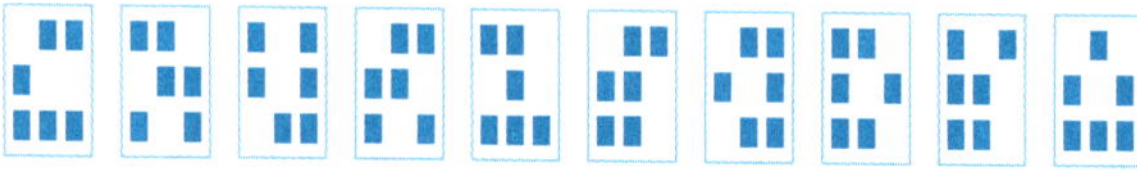

Q26. Quelle est l'image qui doit remplacer l'image « **?1** » ?

A.  **B.**  **C.**  **D.** 

Q27. Quelle est l'image qui doit remplacer l'image « **?2** » ?

A.  **B.**  **C.**  **D.** 

Q28. Quelle est l'image qui doit remplacer l'image « **?3** » ?

A.  **B.**  **C.**  **D.** 

Q29. Quelle est l'image qui doit remplacer l'image « **?4** » ?

A.  **B.**  **C.**  **D.** 

Q30. Quelle est l'image qui doit remplacer l'image « **?5** » ?

A.  **B.**  **C.**  **D.** 

On rappelle la suite des images.

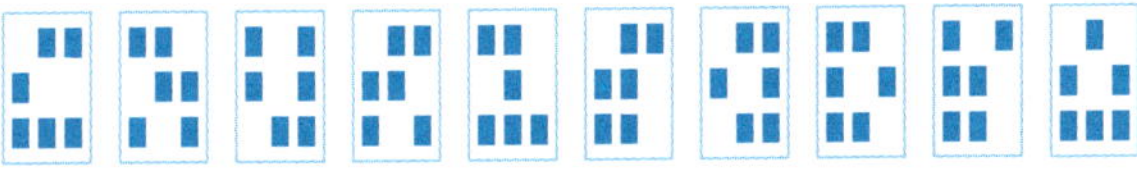

Q31. Quelle est l'image qui doit remplacer l'image « **?1** » ?

A.  B.  C.  D. 

Q32. Quelle est l'image qui doit remplacer l'image « **?2** » ?

A.  B.  C.  D. 

Q33. Quelle est l'image qui doit remplacer l'image « **?3** » ?

A.  B.  C.  D. 

Q34. Quelle est l'image qui doit remplacer l'image « **?4** » ?

A.  B.  C.  D. 

Q35. Quelle est l'image qui doit remplacer l'image « **?5** » ?

A.  B.  C.  D. 

On rappelle la suite des images.

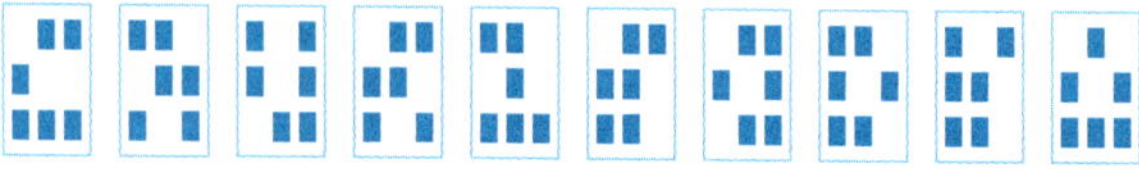

Q36. Quelle est l'image qui doit remplacer l'image « **?1** » ?

A.  **B.**  **C.**  **D.** 

Q37. Quelle est l'image qui doit remplacer l'image « **?2** » ?

A.  **B.**  **C.**  **D.** 

Q38. Quelle est l'image qui doit remplacer l'image « **?3** » ?

A.  **B.**  **C.**  **D.** 

Q39. Quelle est l'image qui doit remplacer l'image « **?4** » ?

A.  **B.**  **C.**  **D.** 

Q40. Quelle est l'image qui doit remplacer l'image « **?5** » ?

A.  **B.**  **C.**  **D.** 

Test de raisonnement logique

20 min

Les nombres placés dans chaque « roue » vérifient une suite logique. Vous devez déterminer quels sont les nombres qui doivent remplacer les points d'interrogation.

Q41. Quelle est le nombre qui doit remplacer « **?1** » ?

A. 18 **B.** 21 **C.** 23 **D.** 31

Q42. Quelle est le nombre qui doit remplacer « **?2** » ?

A. 18 **B.** 21 **C.** 23 **D.** 31

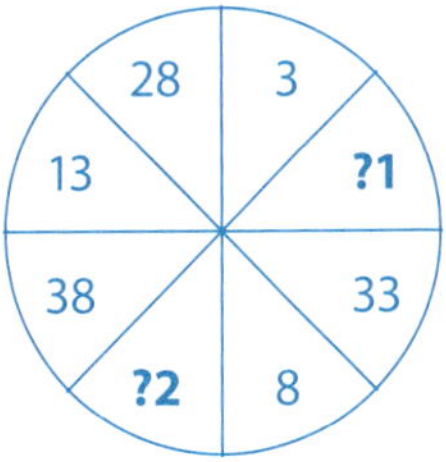

Q43. Quelle est le nombre qui doit remplacer « **?1** » ?

A. 3 **B.** 6 **C.** 9 **D.** 10

Q44. Quelle est le nombre qui doit remplacer « **?2** » ?

A. 24 **B.** 27 **C.** 29 **D.** 34

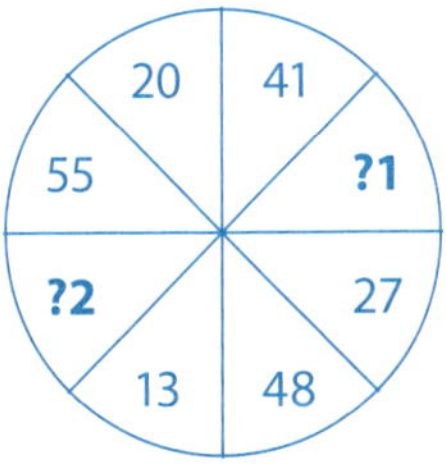

Q45. Quelle est le nombre qui doit remplacer « **?1** » ?
A. 19 **B.** 17 **C.** 21 **D.** 26

Q46. Quelle est le nombre qui doit remplacer « **?2** » ?
A. 11 **B.** 14 **C.** 15 **D.** 17

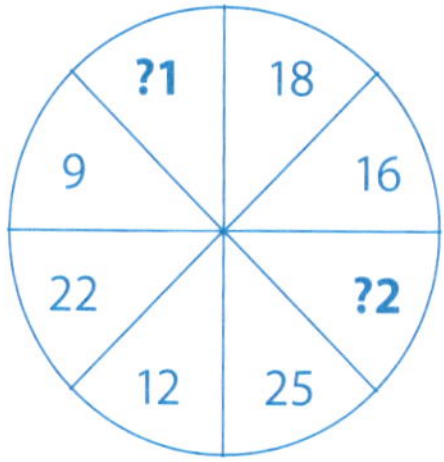

Q47. Quelle est le nombre qui doit remplacer « **?1** » ?
A. 14 **B.** 15 **C.** 16 **D.** 17

Q48. Quelle est le nombre qui doit remplacer « **?2** » ?
A. 12 **B.** 13 **C.** 14 **D.** 15

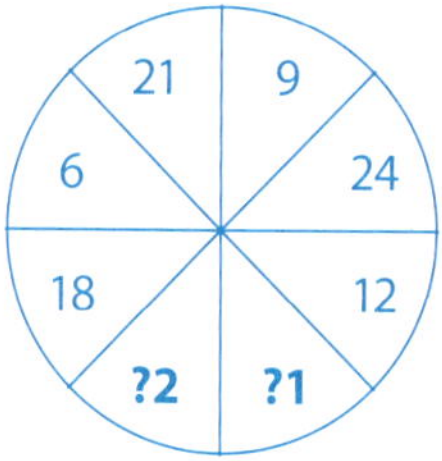

Q49. Quelle est le nombre qui doit remplacer « **?1** » ?
A. 29 **B.** 38 **C.** 53 **D.** 61

Q50. Quelle est le nombre qui doit remplacer « **?2** » ?
A. 23 **B.** 27 **C.** 31 **D.** 35

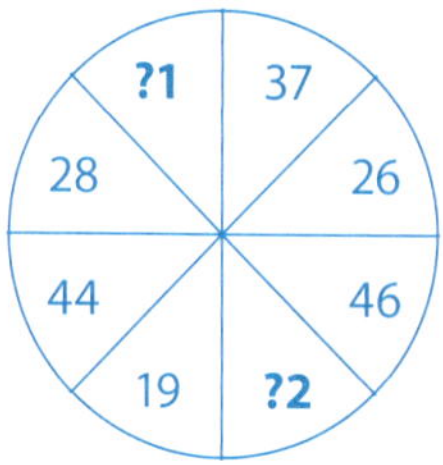

Q51. Quelle est le nombre qui doit remplacer « **?1** » ?

A. 8 **B.** 13 **C.** 17 **D.** 20

Q52. Quelle est le nombre qui doit remplacer « **?2** » ?

A. 47 **B.** 53 **C.** 59 **D.** 63

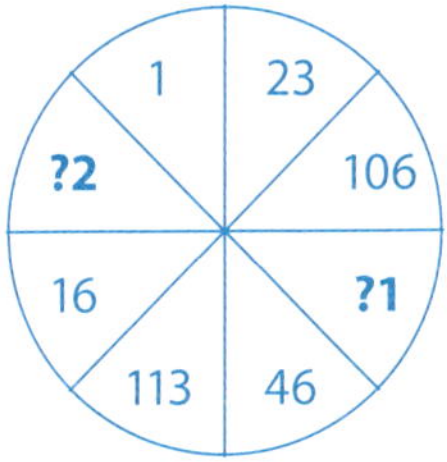

Q53. Quelle est le nombre qui doit remplacer « **?1** » ?

A. 33 **B.** 37 **C.** 41 **D.** 49

Q54. Quelle est le nombre qui doit remplacer « **?2** » ?

A. 39 **B.** 44 **C.** 48 **D.** 51

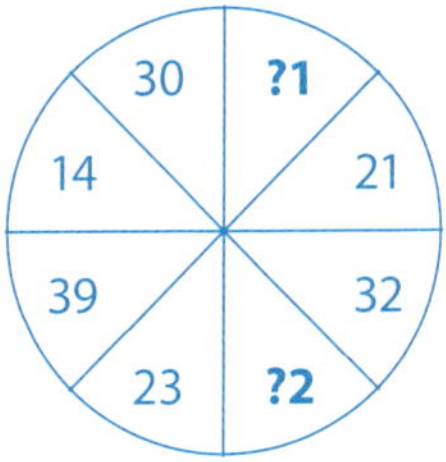

Q55. Quelle est le nombre qui doit remplacer « **?1** » ?

A. 28 **B.** 32 **C.** 35 **D.** 37

Q56. Quelle est le nombre qui doit remplacer « **?2** » ?

A. 39 **B.** 37 **C.** 35 **D.** 33

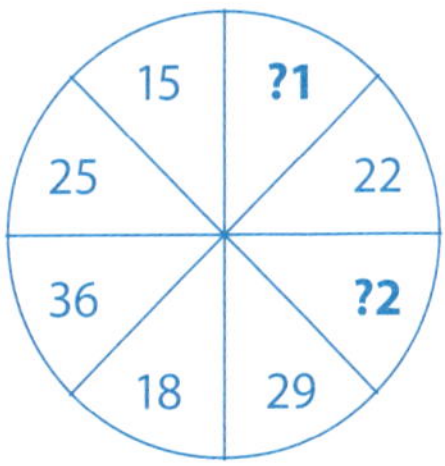

Q57. Quelle est le nombre qui doit remplacer « **?1** » ?

A. 0 **B.** 4 **C.** 3 **D.** 2

Q58. Quelle est le nombre qui doit remplacer « **?2** » ?

A. 84 **B.** 124 **C.** 128 **D.** 136

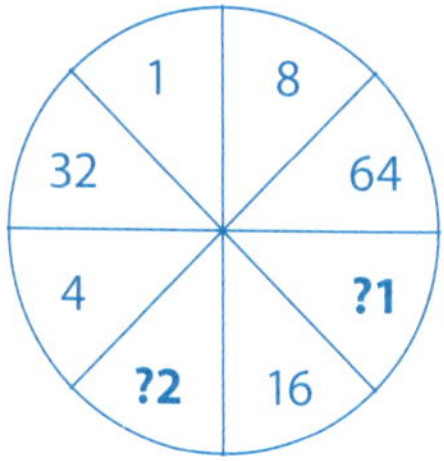

Q59. Quelle est le nombre qui doit remplacer « **?1** » ?

A. 108 **B.** 116 **C.** 128 **D.** 138

Q60. Quelle est le nombre qui doit remplacer « **?2** » ?

A. 51 **B.** 53 **C.** 55 **D.** 57

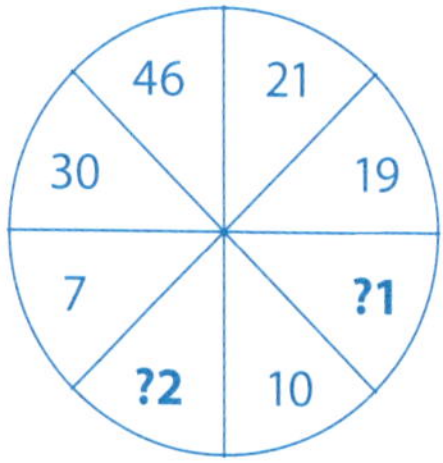

Test de concentration

15 min

À partir de l'image donnée à la page suivante, répondre aux questions posées.

	A	B	C	D
Q61. Quel est le nombre d'égalités « = » fausses ?	4	5	6	7
Q62. Quel est le nombre d'inégalités « # » fausses ?	10	11	12	13
Q63. Quel est le nombre d'inégalités « # » exactes ?	28	29	30	31
Q64. Quel est le nombre d'égalités « = » exactes ?	41	42	43	44
Q65. Combien de fois peut-on lire les deux chiffres consécutifs « 45 » ?	26	27	28	29
Q66. Combien y a-t-il de nombres pairs ?	49	50	51	52
Q67. Combien y a-t-il de multiples de 3 ?	51	52	53	54
Q68. Quel est le nombre de chiffres 5 ?	197	198	199	200
Q69. Quel est le nombre de chiffres 7 ?	22	23	24	25
Q70. Quel est le nombre de chiffres 2 ?	175	176	177	178

Pour faciliter votre travail, les nombres sont écrits en gros caractères.

3243 # 3233
5947 = 5947
959 = 959
54520 # 54523
5145 = 5145
251923 = 251932
51199 # 57199
95 # 955
5224 # 52242
151551 = 151551
425 # 254
45 # 35
22554 = 22554
452579 # 452519
21299 = 21299
9545 = 9545
225425 # 225235
524025 = 524025
322225 # 32225
45523 = 45523
119352 = 119252
210355 = 210355
4521 = 4521
223023 = 223223
554 = 554
42579 # 42599

31 = 31
555 = 555
1519 # 1519
157 # 557
52422 # 52422
223 # 223
195535 = 195535
930397 = 930397
2222 # 2322
321599 = 119932
29935 # 29935
233052 # 233042
32535 = 32535
11511 # 11511
251945 # 452519
772239 = 772239
54215 # 54251
59252 # 25295
45002 = 45002
95445 # 9545
5599 = 5599
55221 = 55221
33333 = 33333
29931 = 29931
99755 # 99745
552234 = 552234

9544 # 95444
322379 # 322399
954 = 954
990545 # 99545
512551 # 512151
59992 # 597992
12994 # 12995
1111 = 1111
23599 # 923519
5199 = 5199
95273 # 95327
259143 # 259143
9242 # 9242
455997 = 455997
251199 = 251199
499099 = 499099
259919 = 259919
93232 = 93232
250 # 250
9725 = 9725
97300 = 97300
4025 = 4025
1 = 1
02231 = 02231
23231 = 23231
94102 # 94102
23233 = 23233
21530 # 21530

251994 # 251994
0153 = 0153
99500 # 9950
5914 = 5914
325994 # 25994
2419 = 2419
533535 # 355335
9455 # 9455
223232 # 223232
125035 # 150325

Test de raisonnement logique

20 min

Pour chaque question, vous devez déterminer quelle est la proposition de réponse qui satisfait toutes les lignes de l'énoncé.

Voici la suite des lettres utilisées :	Q	R	S	T	U	V

U	T	S	R	Deux lettres communes bien placées.
V	T	U	R	Deux lettres communes bien placées.
U	T	R	V	Une lettre commune bien placée et une lettre commune mal placée.
U	R	S	T	Une lettre commune bien placée et une lettre commune mal placée.
U	V	S	R	Une lettre commune bien placée et une lettre commune mal placée.

Q71. **A.** V T S Q **B.** V R S T **C.** Q S T V **D.** Q T R S

S	R	U	V	Une lettre commune bien placée et une lettre commune mal placée.
Q	R	U	V	Deux lettres communes bien placées.
U	R	S	T	Trois lettres communes bien placées.
T	U	Q	S	Trois lettres communes mal placées.
U	S	T	V	Deux lettres communes mal placées.

Q72. **A.** Q R S T **B.** T S Q R **C.** S T R Q **D.** T S R Q

Rappel de la suite des lettres utilisées	Q	R	S	T	U	V

T	U	V	Q	Deux lettres communes bien placées.
Q	V	R	U	Une lettre commune bien placée et une lettre commune mal placée.
V	S	R	U	Deux lettres communes bien placées.
S	T	Q	U	Trois lettres communes mal placées.
U	Q	V	R	Deux lettres communes mal placées.

Q73. **A.** T S R Q **B.** T R Q S **C.** S T Q R **D.** S V R Q

V	S	U	Q	Deux lettres communes mal placées.
V	U	R	S	Trois lettres communes mal placées.
Q	S	T	V	Trois lettres communes mal placées.
U	Q	S	R	Une lettre commune bien placée et une lettre commune mal placée.
V	Q	R	U	Deux lettres communes mal placées.

Q74. **A.** R V S T **B.** S V T R **C.** S R T V **D.** R S T Q

V	S	T	U	Une lettre commune bien placée et une lettre commune mal placée.
R	Q	T	S	Deux lettres communes mal placées et deux lettres communes bien placées.
S	U	T	V	Deux lettres communes bien placées.
S	Q	R	V	Deux lettres communes bien placées et une lettre commune mal placée.
V	Q	T	S	Deux lettres communes bien placées et une lettre commune mal placée.

Q75. **A.** T Q S R **B.** S Q T R **C.** Q S T V **D.** Q R T S

R	S	V	Q	Deux lettres communes bien placées.
S	T	U	Q	Trois lettres communes bien placées.
Q	R	V	S	Deux lettres communes mal placées.
T	R	Q	V	Trois lettres communes mal placées.
R	Q	V	S	Une lettre commune bien placée et une lettre commune mal placée.

Q76. **A.** Q T V R **B.** V T Q R **C.** R T U Q **D.** T Q V R

U	R	Q	S	Trois lettres communes mal placées.
R	S	Q	U	Deux lettres communes bien placées et une lettre commune mal placée.
T	R	U	Q	Une lettre commune bien placée et une lettre commune mal placée.
S	R	U	T	Deux lettres communes mal placées.
T	U	R	S	Deux lettres communes mal placées.

Q77. **A.** U S Q R **B.** V S Q R **C.** U S Q V **D.** R S V Q

U	Q	R	T	S	Deux lettres communes bien placées et deux lettres communes mal placées.
R	Q	V	U	T	Deux lettres communes bien placées et deux lettres communes mal placées.
V	Q	S	R	U	Deux lettres communes bien placées et deux lettres communes mal placées.
U	Q	R	S	V	Trois lettres communes bien placées et une lettre commune mal placée.
U	V	R	S	T	Trois lettres communes bien placées et une lettre commune mal placée.

Q78. **A.** V Q R S T **B.** U Q R T S **C.** U Q T S R **D.** T S R Q V

Rappel de la suite des lettres utilisées	Q	R	S	T	U	V

R	V	U	Q	S	Trois lettres communes mal placées et une lettre commune bien placée.
Q	V	U	T	S	Deux lettres communes bien placées et deux lettres communes mal placées.
R	Q	T	V	S	Quatre lettres communes mal placées et une lettre commune bien placée.
U	R	S	V	T	Trois lettres communes mal placées et une lettre commune bien placée.
U	R	T	Q	S	Deux lettres communes bien placées et deux lettres communes mal placées.

Q79. **A.** R U S T Q **B.** R S V T Q **C.** V R Q T S **D.** S T Q R U

T	V	U	Q	R	Trois lettres communes mal placées et une lettre commune bien placée.
S	U	R	T	Q	Trois lettres communes mal placées et une lettre commune bien placée.
U	Q	S	V	R	Deux lettres communes bien placées et deux lettres communes mal placées.
V	R	S	Q	U	Deux lettres communes bien placées et deux lettres communes mal placées.
T	R	Q	S	U	Deux lettres communes bien placées et deux lettres communes mal placées.

Q80. **A.** V U S R T **B.** V S T R U **C.** Q R S T V **D.** T R S V Q

R	U	S	V	Une lettre commune bien placée et une lettre commune mal placée.
R	U	Q	V	Deux lettres communes bien placées.
U	Q	T	S	Trois lettres communes mal placées.
S	T	U	V	Deux lettres communes mal placées.
R	S	U	T	Trois lettres communes bien placées.

Q81. **A.** S Q T R **B.** R S Q T **C.** T R S Q **D.** S R T Q

S	R	U	T	Deux lettres communes bien placées.
U	R	V	T	Deux lettres communes bien placées.
S	T	U	R	Une lettre commune bien placée et une lettre commune mal placée.
R	V	U	T	Une lettre commune bien placée et une lettre commune mal placée.
S	R	U	V	Une lettre commune bien placée et une lettre commune mal placée.

Q82. **A.** S Q V T **B.** S T V R **C.** T V Q S **D.** R S Q T

Q	T	V	S	Deux lettres communes bien placées et une lettre commune mal placée.
Q	T	R	S	Deux lettres communes mal placées et deux lettres communes bien placées.
U	T	S	V	Deux lettres communes bien placées.
Q	R	S	V	Deux lettres communes bien placées et une lettre commune mal placée.
S	T	V	U	Une lettre commune bien placée et une lettre commune mal placée.

Q83. **A.** Q T R S **B.** Q S T R **C.** S T Q V **D.** Q T S R

Rappel de la suite des lettres utilisées	Q	R	S	T	U	V

T	V	Q	S	Trois lettres communes mal placées.
R	S	V	U	Trois lettres communes mal placées.
U	Q	V	S	Deux lettres communes mal placées.
S	R	U	Q	Une lettre commune bien placée et une lettre commune mal placée.
R	U	V	Q	Deux lettres communes mal placées.

Q84. **A.** S T R V **B.** T R S V **C.** T V S R **D.** T Q R S

U	V	T	Q	Deux lettres communes bien placées.
Q	V	U	R	Deux lettres communes mal placées.
V	R	Q	U	Une lettre commune bien placée et une lettre commune mal placée.
S	R	V	U	Deux lettres communes bien placées.
T	Q	S	U	Trois lettres communes mal placées.

Q85. **A.** R Q T S **B.** S R T Q **C.** T Q S R **D.** V R S Q

Q	V	T	R	Trois lettres communes mal placées.
V	Q	R	S	Deux lettres communes bien placées.
U	Q	S	T	Trois lettres communes bien placées.
V	S	Q	R	Deux lettres communes mal placées.
V	S	R	Q	Une lettre commune bien placée et une lettre commune mal placée.

Q86. **A.** V R Q T **B.** Q R V T **C.** U Q R T **D.** V R T Q

R	T	U	Q	S	Deux lettres communes bien placées et deux lettres communes mal placées.
R	S	U	Q	V	Trois lettres communes bien placées et une lettre commune mal placée.
V	U	R	Q	T	Deux lettres communes bien placées et deux lettres communes mal placées.
S	R	V	Q	U	Deux lettres communes bien placées et deux lettres communes mal placées.
R	S	U	V	T	Trois lettres communes bien placées et une lettre commune mal placée.

Q87. **A.** R Q T S V **B.** R T U Q S **C.** T S U Q R **D.** R S V Q T

R	S	T	U	Deux lettres communes mal placées.
Q	U	R	S	Deux lettres communes bien placées et une lettre commune mal placée.
U	Q	T	R	Une lettre commune bien placée et une lettre commune mal placée.
U	T	S	R	Deux lettres communes mal placées.
Q	S	U	R	Trois lettres communes mal placées.

Q88. **A.** V Q R S **B.** Q R V S **C.** Q V U S **D.** Q R U S

Rappel de la suite des lettres utilisées	Q	R	S	T	U	V

U	Q	R	T	V	Trois lettres communes mal placées et une lettre commune bien placée.
S	Q	U	V	R	Deux lettres communes bien placées et deux lettres communes mal placées.
R	T	Q	S	U	Trois lettres communes mal placées et une lettre commune bien placée.
S	V	R	U	Q	Deux lettres communes bien placées et deux lettres communes mal placées.
Q	S	U	T	R	Deux lettres communes bien placées et deux lettres communes mal placées.

Q89. **A.** S R T V U **B.** S V Q T R **C.** T R U V S **D.** S T V Q R

R	T	Q	U	S	Deux lettres communes bien placées et deux lettres communes mal placées.
V	U	Q	R	S	Trois lettres communes mal placées et une lettre commune bien placée.
V	U	T	Q	S	Deux lettres communes bien placées et deux lettres communes mal placées.
Q	T	V	R	S	Quatre lettres communes mal placées et une lettre commune bien placée.
R	S	V	U	T	Trois lettres communes mal placées et une lettre commune bien placée.

Q90. **A.** R Q T V S **B.** S V T R Q **C.** T Q R S U **D.** U S T R Q

Test d'aptitudes numériques

15 min

Dans une langue imaginaire, les nombres ne s'écrivent pas comme dans notre langue française.

À partir des exemples suivants, vous devez répondre aux questions posées.

Voici cinq nombres et leurs traductions dans cette langue imaginaire.

7 

48 

603 

951 

5 724 

Q91. Par quel chiffre doit-on remplacer  ?

A. 2 **B.** 3 **C.** 6 **D.** 9

Q92. Par quel chiffre doit-on remplacer  ?

A. 4 **B.** 3 **C.** 2 **D.** 1

Q93. Par quel chiffre doit-on remplacer  ?

A. 8 **B.** 7 **C.** 6 **D.** 5

Q94. Par quel nombre doit-on remplacer  ?

A. 27 **B.** 37 **C.** 29 **D.** 19

Q95. Par quel nombre doit-on remplacer le code suivant ?

A. 216 **B.** 126 **C.** 203 **D.** 113

Q96. Quel est le résultat de l'addition suivante ?

A. 271 **B.** 171 **C.** 383 **D.** 575

Q97. Quel est le résultat de la soustraction suivante ?

A. 33 **B.** 44 **C.** 55 **D.** 125

Q98. Quel est le résultat de la multiplication suivante ?

A. 3 307 **B.** 2 304 **C.** 4 407 **D.** 1 224

Q99. Quel est le résultat de la division suivante ?

A. 39 **B.** 29 **C.** 36 **D.** 26

Q100. Quel est le résultat de l'opération suivante ?

A. 204 **B.** 121 **C.** 101 **D.** 421

Test de raisonnement analogique

15 min

On donne un premier tableau de quatre nombres vérifiant des propriétés simples. Par analogie, vous devez déterminer les nombres qui doivent remplacer les symboles de ?1 à ?10.

19	43	24	62

28	**?1**	35	**?2**

37	51	**?3**	**?4**

?5	**?6**	18	64

18	71	**?7**	**?8**

31	**?9**	**?10**	68

Q101. Quel nombre doit remplacer le symbole « **?1** » ?
A. 63 **B.** 58 **C.** 67 **D.** 69

Q102. Quel nombre doit remplacer le symbole « **?2** » ?
A. 73 **B.** 91 **C.** 56 **D.** 89

Q103. Quel nombre doit remplacer le symbole « **?3** » ?
A. 9 **B.** 17 **C.** 14 **D.** 21

Q104. Quel nombre doit remplacer le symbole « **?4** » ?
A. 69 **B.** 73 **C.** 88 **D.** 99

Q105. Quel nombre doit remplacer le symbole « **?5** » ?
A. 17 **B.** 23 **C.** 32 **D.** 21

Q106. Quel nombre doit remplacer le symbole « **?6** » ?
A. 41 **B.** 33 **C.** 47 **D.** 55

Q107. Quel nombre doit remplacer le symbole « **?7** » ?
A. 29 **B.** 43 **C.** 48 **D.** 53

Q108. Quel nombre doit remplacer le symbole « **?8** » ?
A. 67 **B.** 77 **C.** 89 **D.** 91

Q109. Quel nombre doit remplacer le symbole « **?9** » ?
A. 18 **B.** 26 **C.** 49 **D.** 37

Q110. Quel nombre doit remplacer le symbole « **?10** » ?
A. 2 **B.** 13 **C.** 8 **D.** 6

7	13	27	33

9	**?1**	23	**?2**

6	8	**?3**	**?4**

?5	**?6**	20	13

11	17	**?7**	**?8**

4	**?9**	**?10**	26

Q111. Quel nombre doit remplacer le symbole « **?1** » ?
A. 5 **B.** 6 **C.** 7 **D.** 8

Q112. Quel nombre doit remplacer le symbole « **?2** » ?
A. 13 **B.** 17 **C.** 19 **D.** 23

Q113. Quel nombre doit remplacer le symbole « **?3** » ?
A. 18 **B.** 20 **C.** 23 **D.** 29

Q114. Quel nombre doit remplacer le symbole « **?4** » ?
A. 16 **B.** 17 **C.** 19 **D.** 22

Q115. Quel nombre doit remplacer le symbole « **?5** » ?
A. 9 **B.** 11 **C.** 19 **D.** 23

Q116. Quel nombre doit remplacer le symbole « **?6** » ?

A. 21 **B.** 13 **C.** 2 **D.** 0

Q117. Quel nombre doit remplacer le symbole « **?7** » ?

A. 32 **B.** 39 **C.** 41 **D.** 47

Q118. Quel nombre doit remplacer le symbole « **?8** » ?

A. 12 **B.** 23 **C.** 36 **D.** 45

Q119. Quel nombre doit remplacer le symbole « **?9** » ?

A. 5 **B.** 8 **C.** 11 **D.** 15

Q120. Quel nombre doit remplacer le symbole « **?10** » ?

A. 12 **B.** 13 **C.** 16 **D.** 19

Test de résolution de problèmes

15 min

Q121. Pour lutter contre certaines infections, le médecin prescrit à un enfant de 30 kg un antibiotique : le Clamoxyl® dont le principe actif est l'amoxicilline. La posologie est de 50 mg par kg de poids de l'enfant et par jour en deux prises. La durée du traitement est de 6 jours. Le médicament est présenté sous la forme d'une poudre pour suspension buvable en flacon de 60 mL à 125 mg d'amoxicilline par cuillère-mesure de 5 mL.
Quel est le nombre de flacons nécessaires pour ce traitement prescrit ?

A. 4 **B.** 5 **C.** 6 **D.** 7

Q122. Sur une piste circulaire de 1 km de long, deux cyclistes partent au même moment en direction opposée. Le premier a une vitesse moyenne de 20 km/h et le second a une vitesse moyenne de 30 km/h. Quelle est la distance parcourue par le cycliste le plus rapide au moment où ils se croisent ?

A. 800 m **B.** 700 m **C.** 750 m **D.** 600 m

Q123. Jordane et Julie doivent se partager 2 760 €. Quelle est la part prise par Jordane sachant que Julie prend 30 % de plus que Jordane ?

A. 1 120 € **B.** 1 200 € **C.** 1 360 € **D.** 1 560 €

Q124. Quel est le tarif d'un affranchissement dont le prix initial était de 12 € mais a augmenté de 5 % puis baissé d'autant ?

A. 11,97 € **B.** 11,98 € **C.** 11,99 € **D.** 12 €

Q125. Martine réalise des bouquets de fleurs à partir d'un lot de 200 roses, d'un lot de 265 tulipes et d'un lot de 339 marguerites. Elle veut réaliser le plus grand nombre de bouquets possibles composés chacun de 5 roses, 7 tulipes et 9 marguerites. Combien lui restera-t-il de fleurs au total qu'elle ne mettra pas dans les bouquets ?

A. 28 **B.** 29 **C.** 30 **D.** 31

Grille réponse

Avec un crayon, cochez vos réponses à chaque question.

	A	B	C	D		A	B	C	D		A	B	C	D
Q1					Q26					Q51				
Q2					Q27					Q52				
Q3					Q28					Q53				
Q4					Q29					Q54				
Q5					Q30					Q55				
Q6					Q31					Q56				
Q7					Q32					Q57				
Q8					Q33					Q58				
Q9					Q34					Q59				
Q10					Q35					Q60				
Q11					Q36					Q61				
Q12					Q37					Q62				
Q13					Q38					Q63				
Q14					Q39					Q64				
Q15					Q40					Q65				
Q16					Q41					Q66				
Q17					Q42					Q67				
Q18					Q43					Q68				
Q19					Q44					Q69				
Q20					Q45					Q70				
Q21					Q46					Q71				
Q22					Q47					Q72				
Q23					Q48					Q73				
Q24					Q49					Q74				
Q25					Q50					Q75				

	A	B	C	D
Q76				
Q77				
Q78				
Q79				
Q80				
Q81				
Q82				
Q83				
Q84				
Q85				
Q86				
Q87				
Q88				
Q89				
Q90				
Q91				
Q92				
Q93				
Q94				
Q95				
Q96				
Q97				
Q98				
Q99				
Q100				

	A	B	C	D
Q101				
Q102				
Q103				
Q104				
Q105				
Q106				
Q107				
Q108				
Q109				
Q110				
Q111				
Q112				
Q113				
Q114				
Q115				
Q116				
Q117				
Q118				
Q119				
Q120				
Q121				
Q122				
Q123				
Q124				
Q125				

Vous pouvez vous attribuer une note en comptant le nombre de bonnes réponses « B ».

$N = 0,16 \times B$

$N = 0,16 \times \square = \square$

Vos notes

CORRIGÉ DU SUJET N° 2

Test de raisonnement logique

Questions de Q1 à Q40 : se reporter à la grille réponse.

On rappelle la suite des images et on les numérote.

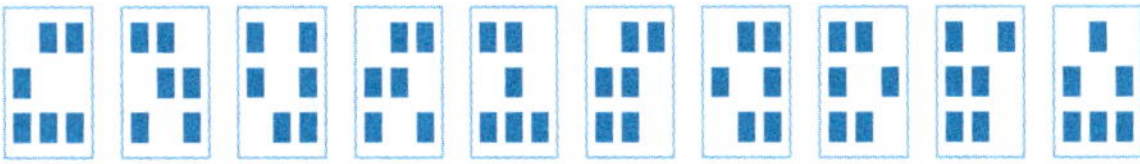

n° 1 n° 2 n° 3 n° 4 n° 5 n° 6 n° 7 n° 8 n° 9 n° 10

De Q1 à Q5 : On décrit les images dans l'ordre de la suite et en suivant la flèche.

De Q6 à Q10 : On décrit les images dans l'ordre inverse de la suite et en suivant la flèche.

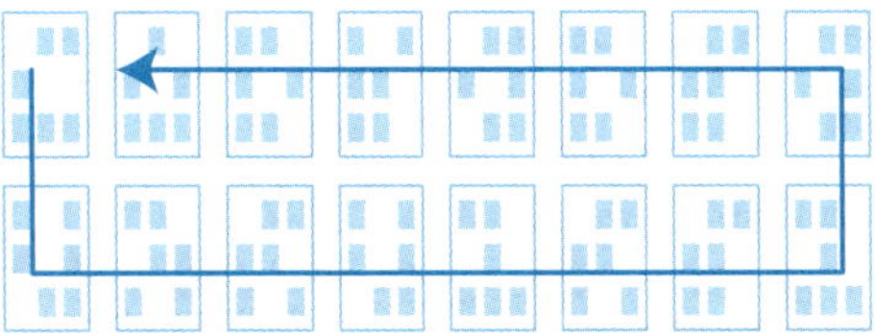

De Q11 à Q15 : On décrit les images en suivant la flèche et dans l'ordre suivant : à partir de la première image, on « avance » de deux images pour obtenir l'image n° 3 puis on « recule » d'une image pour obtenir l'image n° 2. On recommence ce processus jusqu'à la dernière image.

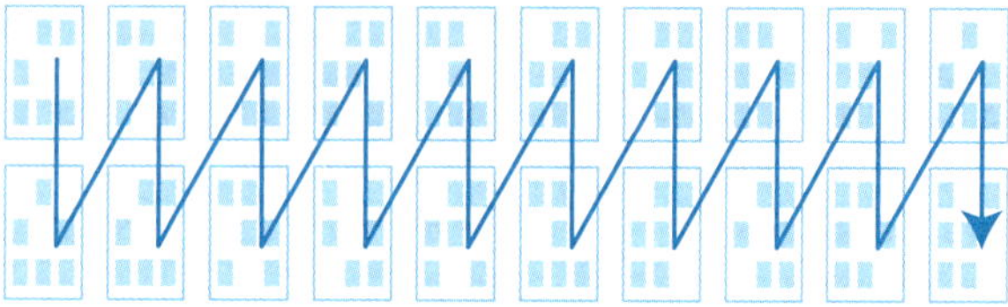

De Q16 à Q20 : On décrit les images en suivant la flèche et dans l'ordre suivant : à partir de la première image, on « recule » d'une image pour obtenir l'image n° 10 puis on « avance » de deux images pour obtenir l'image n° 2. On recommence ce processus jusqu'à la dernière image.

De Q21 à Q25 : On décrit les images en suivant la flèche et en « reculant » chaque fois de trois images dans l'ordre de la suite.

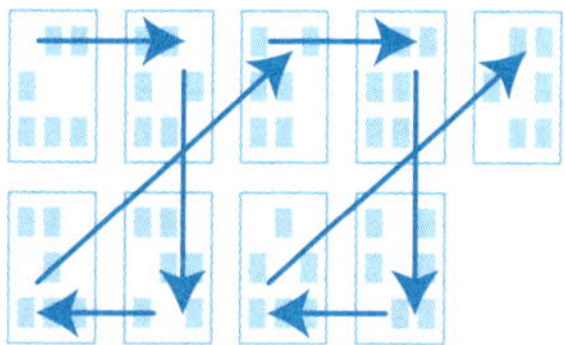

De Q26 à Q30 : On décrit les images en suivant la flèche et en « avançant » chaque fois de trois images dans l'ordre de la suite.

On rappelle la suite des images et on les numérote.

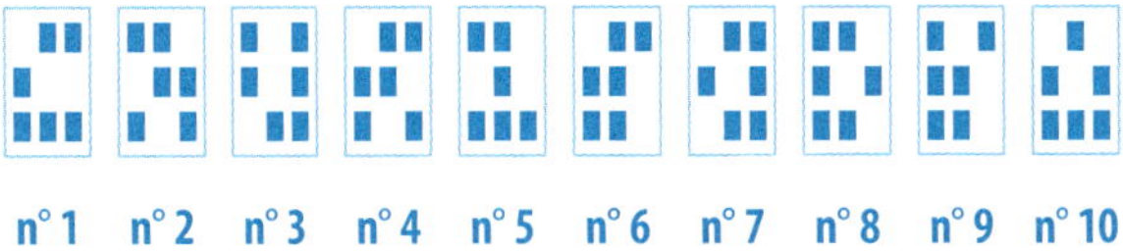

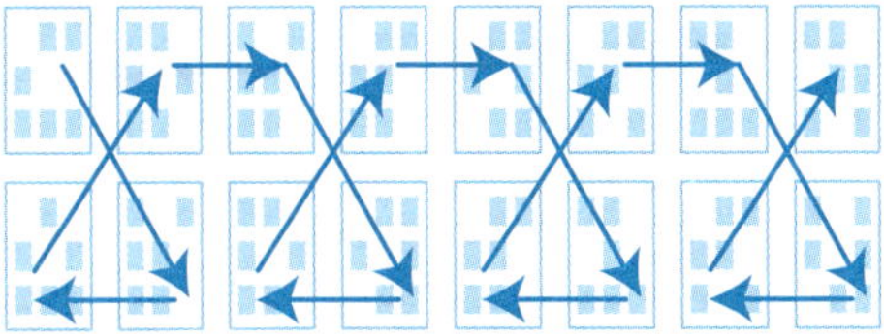

De Q31 à Q35 : On décrit les images en suivant la flèche et dans l'ordre suivant : à partir de la première image, on « recule » de deux images pour obtenir l'image n° 9, puis on « avance » d'une image pour obtenir l'image n° 10. On recommence ce processus jusqu'à la dernière image.

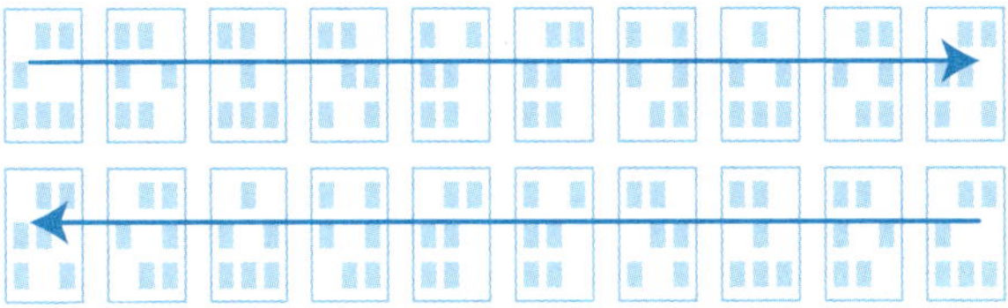

De Q36 à Q40 : Pour la première ligne d'images, à partir de la première image, on « recule » chaque fois de trois images. La seconde ligne reprend toutes les images de la première ligne mais en sens inverse.

Test de raisonnement logique

Q41. Réponse **A**.
Q42. Réponse **C**.

On ajoute 5 à chaque nombre en suivant les flèches.
Seules les trois premières flèches sont tracées.

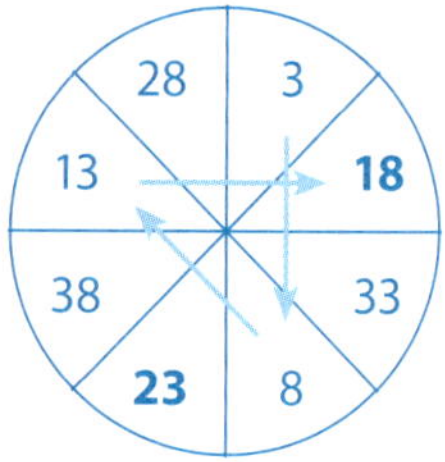

Q43. Réponse **B**.
Q44. Réponse **D**.

On ajoute 7 à chaque nombre en suivant les flèches.
Seules les trois premières flèches sont tracées.

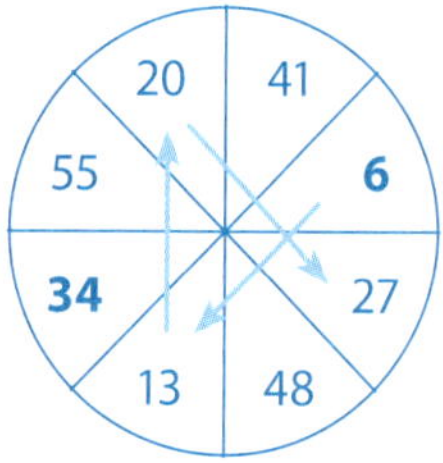

Q45. Réponse **A**.
Q46. Réponse **C**.
On ajoute 7 au premier nombre pour obtenir le deuxième, puis on retranche 4 pour obtenir le troisième et ainsi de suite. Seules les trois premières flèches sont tracées.

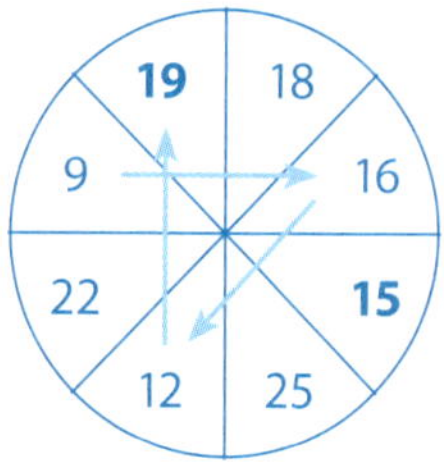

Q47. Réponse **B**.
Q48. Réponse **D**.
On retranche 9 au premier nombre pour obtenir le deuxième, puis on ajoute 6 pour obtenir le troisième et ainsi de suite. Seules les trois premières flèches sont tracées.

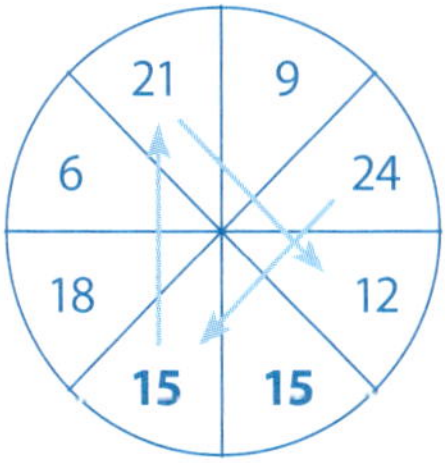

Q49. Réponse **C**.
Q50. Réponse **D**.
On retranche 7 au premier nombre pour obtenir le deuxième, puis on retranche 2 pour obtenir le troisième et ainsi de suite. Seules les trois premières flèches sont tracées.

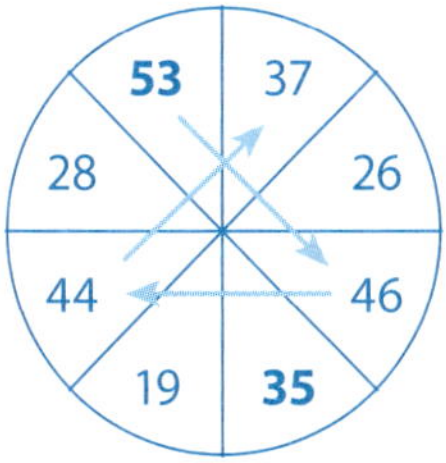

Q51. Réponse **A**.
Q52. Réponse **B**.
On ajoute 7 au premier nombre pour obtenir le deuxième, puis on multiplie par 2 pour obtenir le troisième et ainsi de suite. Seules les trois premières flèches sont tracées.

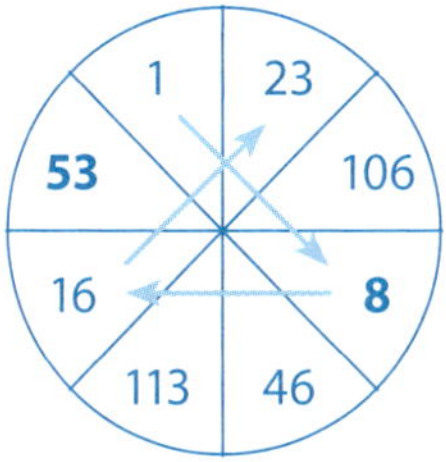

Q53. Réponse **C**.
Q54. Réponse **C**.
On ajoute 7 au premier nombre pour obtenir le deuxième, puis on ajoute 2 pour obtenir le troisième et ainsi de suite. Seules les trois premières flèches sont tracées.

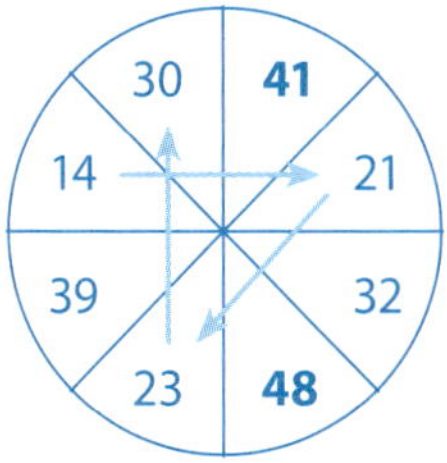

Q55. Réponse **B**.
Q56. Réponse **A**.
On retranche 3 au premier nombre pour obtenir le deuxième, puis on retranche 4 pour obtenir le troisième et ainsi de suite. Seules les trois premières flèches sont tracées.

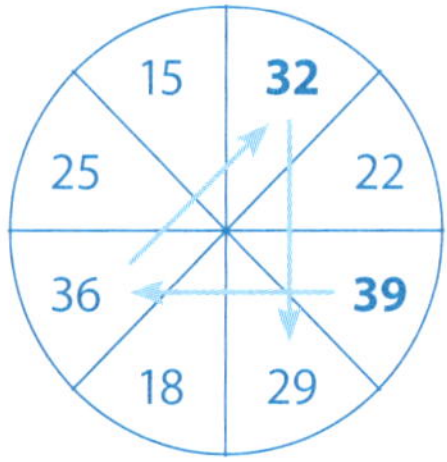

Q57. Réponse **D**.
Q58. Réponse **C**.
On multiplie par 2 le premier nombre pour obtenir le deuxième et ainsi de suite.
Seules les trois premières flèches sont tracées.

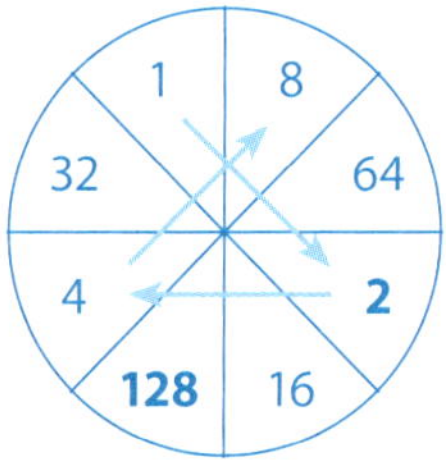

Q59. Réponse **D**.
Q60. Réponse **D**.
On multiplie par 3 le premier nombre pour obtenir le deuxième, puis on retranche 11 pour obtenir le troisième et ainsi de suite. Seules les trois premières flèches sont tracées.

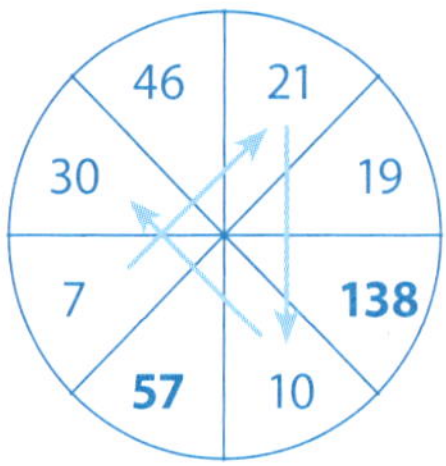

Test de concentration

Questions de Q61 à Q70 : se reporter à la grille réponse.

Solution de la question Q61

251923 = 251932
119352 = 119252
223023 = 223223
321599 = 119932

Solution de la question Q62

1519 # 1519
52422 # 52422
223 # 223
29935 # 29935
11511 # 11511
259143 # 259143
9242 # 9242
250 # 250
94102 # 94102
21530 # 21530
251994 # 251994
9455 # 9455
223232 # 223232

Solution de la question Q63

3243 # 3233
54520 # 54523
51199 # 57199
95 # 955
5224 # 52242
425 # 254
45 # 35
452579 # 452519
225425 # 225235
322225 # 32225
42579 # 42599
157 # 557
2222 # 2322
233052 # 233042
251945 # 452519
54215 # 54251
59252 # 25295
95445 # 9545
99755 # 99745
9544 # 95444
322379 # 322399
990545 # 99545
512551 # 512151
59992 # 597992
12994 # 12995
23599 # 923519
95273 # 95327
99500 # 9950
325994 # 25994
533535 # 355335
125035 # 150325

Solution de la question Q64

5947 = 5947
959 = 959
5145 = 5145
151551 = 151551
22554 = 22554
21299 = 21299
9545 = 9545
524025 = 524025
45523 = 45523
210355 = 210355
4521 = 4521
554 = 554
31 = 31
555 = 555
195535 = 195535
930397 = 930397
32535 = 32535
772239 = 772239
45002 = 45002

5599 = 5599
55221 = 55221
33333 = 33333
29931 = 29931
552234 = 552234
954 = 954
1111 = 1111
5199 = 5199
455997 = 455997
251199 = 251199
499099 = 499099
259919 = 259919
93232 = 93232
9725 = 9725
97300 = 97300
4025 = 4025
1 = 1
02231 = 02231
23231 = 23231
23233 = 23233
0153 = 0153
5914 = 5914
2419 = 2419

Solution de la question Q65

5**45**20 # 5**45**23
51**45** = 51**45**
45 #
452579 # **45**2519
95**45** = 95**45**
45523 = **45**523
4521 = **45**21
2519**45** # **45**2519
45002 = **45**002
954**45** # 95**45**
997**45**
9905**45** # 995**45**
455997 = **45**5997
9**45**5 # 9**45**5

Solution de la question Q66

54520 #
= 251932
5224 # 52242
425 # 254
22554 = 22554
119352 = 119252
554 = 554
52422 # 52422
2222 # 2322
= 119932
233052 # 233042
59252 #
45002 = 45002
552234 = 552234
9544 # 95444
954 = 954
59992 # 597992
12994 #
9242 # 9242
93232 = 93232
250 # 250
97300 = 97300
94102 # 94102
21530 # 21530
251994 # 251994
99500 # 9950
5914 = 5914
325994 # 25994
223232 # 223232

Solution de la question Q67

Un nombre est un multiple de 3 si la somme de ses chiffres est un multiple de 3.

3243 #
5145 = 5145
# 52242
151551 = 151551
22554 = 22554
524025 = 524025
322225 #
119352 =
4521 = 4521
223023 =
42579 #
52422 # 52422

2322
233052 #
32535 = 32535
11511 # 11511
772239 = 772239
95445 #
55221 = 55221
33333 = 33333
29931 = 29931
552234 = 552234
322379 #
954 = 954
# 512151
5199 = 5199
455997 = 455997
251199 = 251199
94102 # 94102
251994 # 251994
0153 = 0153
533535 # 355335

Solution de la question Q68

5947 = 5947
959 = 959
54520 # 54523
5145 = 5145
251923 = 251932
51199 # 57199
95 # 955
5224 # 52242
151551 = 151551
425 # 254
45 # 35
22554 = 22554
452579 # 452519
9545 = 9545
225425 # 225235
524025 = 524025
322225 # 32225
45523 = 45523
119352 = 119252
210355 = 210355
4521 = 4521
554 = 554
42579 # 42599
555 = 555
1519 # 1519
157 # 557
52422 # 52422
195535 = 195535
321599 =
29935 # 29935
233052 # 233042
32535 = 32535
11511 # 11511
251945 # 452519
54215 # 54251
59252 # 25295
45002 = 45002
95445 # 9545
5599 = 5599
55221 = 55221
99755 # 99745
552234 = 552234
9544 # 95444
322379 # 322399
954 = 954
990545 # 99545
512551 # 512151
59992 # 597992
12995
23599 # 923519
5199 = 5199
95273 # 95327
259143 # 259143
9242 # 9242
455997 = 455997
251199 = 251199
259919 = 259919
250 # 250
9725 = 9725
4025 = 4025
21530 # 21530
251994 # 251994
0153 = 0153
99500 # 9950
5914 = 5914
325994 # 25994
533535 # 355335
9455 # 9455
125035 # 150325

Solution de la question Q69

5947 = 5947
# 57199
452579 #
42579 # 42599
157 # 557
930397 = 930397
772239 = 772239
99755 # 99745
322379 #
597992
95273 # 95327
455997 = 455997
9725 = 9725
97300 = 97300

Solution de la question Q70

3243 # 3233
54520 # 54523
251923 = 251932
5224 # 52242
425 # 254
22554 = 22554
452579 # 452519
21299 = 21299
225425 # 225235
524025 = 524025
322225 # 32225
45523 = 45523
119352 = 119252
210355 = 210355
4521 = 4521
223023 = 223223
42579 # 42599
52422 # 52422
223 # 223
2222 # 2322
321599 = 119932
29935 # 29935
233052 # 233042
32535 = 32535
251945 # 452519
772239 = 772239
54215 # 54251
59252 # 25295
45002 = 45002
55221 = 55221
29931 = 29931
552234 = 552234
322379 # 322399
512551 # 512151
59992 # 597992
12994 # 12995
23599 # 923519
95273 # 95327
259143 # 259143
9242 # 9242
251199 = 251199
259919 = 259919
93232 = 93232
250 # 250
9725 = 9725
4025 = 4025
02231 = 02231
23231 = 23231
94102 # 94102
23233 = 23233
21530 # 21530
251994 # 251994
325994 # 25994
2419 = 2419
223232 # 223232
125035 # 150325

Test de raisonnement logique

Questions de Q71 à Q90 : se reporter à la grille réponse.

Remarque : Une lettre commune est bien placée quand elle occupe la même position dans l'énoncé et la proposition de réponse. Dans le cas contraire, on dit que la lettre est commune et mal placée.

Q71. Suite des lettres utilisées :	Q	R	S	T	U	V

On compare la proposition **A** avec les lignes de l'énoncé					
V **T** **S** Q	U	**T**	**S**	R	Deux lettres communes bien placées.
V **T** S Q	**V**	**T**	U	R	Deux lettres communes bien placées.
V T S Q	U	T	R	**V**	Une lettre commune bien placée et une lettre commune mal placée.
V **T** **S** Q	U	R	**S**	**T**	Une lettre commune bien placée et une lettre commune mal placée.
V T **S** Q	U	**V**	**S**	R	Une lettre commune bien placée et une lettre commune mal placée.

Conclusion : La proposition de réponse **A** vérifie toutes les lignes de l'énoncé. C'est donc la réponse à retenir et à cocher dans la grille réponse.
On peut vérifier que les autres propositions de réponse ne vérifient pas toutes les lignes de l'énoncé.

Test d'aptitudes numériques

Questions de Q91 à Q95 : se reporter à la grille réponse.

À partir des informations données dans les exemples, on remarque que certains signes ne sont pas des chiffres mais des indicateurs de dizaines, centaines et milliers.
On obtient alors la conversion suivante :

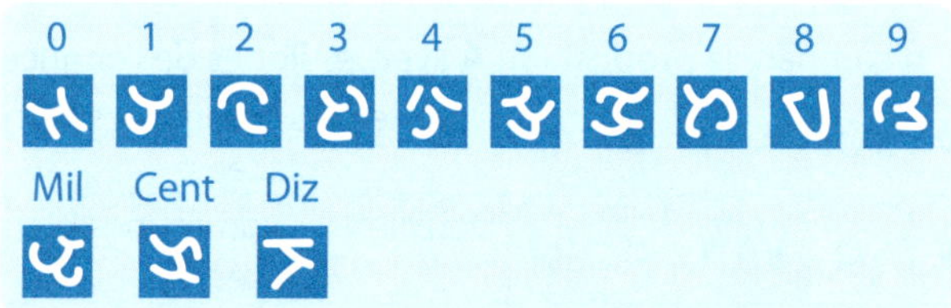

Q96. Voici l'opération cherchée : 93 + 78 = 171.

Q97. Voici l'opération cherchée : 131 – 87 = 44.

Q98. Voici l'opération cherchée : 36 × 64 = 2 304.

Q99. Voici l'opération cherchée : 1 053 ÷ 27 = 39.

Q100. Voici l'opération cherchée : 17 × 3 + 50 = 101.

Test de raisonnement analogique

Questions de Q101 à Q110 : se reporter à la grille réponse.

19	43	24	62

28	**63**	35	**91**

37	51	**14**	**88**

23	**41**	18	64

18	71	**53**	**89**

31	**37**	**6**	68

Dans le premier tableau, on remarque que :
43 – 19 = 24 et 19 + 43 = 62.
On complète alors les autres tableaux.

$$?1 - 28 = 35 \iff ?1 = 35 + 28 \iff \boxed{?1 = 63}$$
$$\implies ?2 = 28 + ?1 \iff ?2 = 28 + 63 \iff \boxed{?2 = 91}$$

$$?3 = 51 - 37 \iff \boxed{?3 = 14}$$
$$?4 = 37 + 51 \iff \boxed{?4 = 88}$$

$$\begin{Bmatrix} a \\ b \end{Bmatrix} = \begin{Bmatrix} ?6 - ?5 = 18 \\ ?6 + ?5 = 64 \end{Bmatrix} \implies \begin{array}{lll} ?6 & -?5 & = 18 \\ ?6 & +?5 & = 64 \\ \hline 2 \times ?6 & & = 18 + 64 \end{array}$$
$$\iff ?6 = \frac{18 + 64}{2} = \frac{82}{2} \iff \boxed{?6 = 41}$$
$$a \longrightarrow ?5 = ?6 - 18 \iff ?5 = 41 - 18 \iff \boxed{?5 = 23}$$

$$18 + 71 = ?7 \iff \boxed{?7 = 89}$$
$$71 - 18 = ?8 \iff \boxed{?8 = 53}$$

$$68 = 31 + ?9 \iff ?9 = 68 - 31 \iff \boxed{?9 = 37}$$
$$\implies ?10 = ?9 - 31 \iff ?10 = 37 - 31 \iff \boxed{?10 = 6}$$

Questions de Q111 à Q120 : se reporter à la grille réponse.

7	13	27	33
9	**2**	20	13

9	**5**	23	**19**
11	17	**39**	**45**

6	8	**20**	**22**
4	**11**	**19**	26

Dans le premier tableau, on remarque que :

$$27 = 2 \times 7 + 13 \quad ; \quad 33 = 7 + 2 \times 13.$$

On complète alors les autres tableaux.

$$2 \times 9 + ?1 = 23 \Longleftrightarrow 18 + ?1 = 23 \Longleftrightarrow \boxed{?1 = 5}$$

$$\Longrightarrow 9 + 2 \times ?1 = ?2 \Longleftrightarrow 9 + 2 \times 5 = ?2 \Longleftrightarrow \boxed{?2 = 19}$$

$$?3 = 2 \times 6 + 8 \Longleftrightarrow ?3 = 12 + 8 \Longleftrightarrow \boxed{?3 = 20}$$

$$?4 = 6 + 2 \times 8 \Longleftrightarrow ?4 = 6 + 16 \Longleftrightarrow \boxed{?4 = 22}$$

$$\begin{Bmatrix} a \\ b \end{Bmatrix} = \begin{Bmatrix} 2 \times ?5 + ?6 = 20 \\ ?5 + 2 \times ?6 = 13 \end{Bmatrix} \Longrightarrow Det = \begin{vmatrix} 2 & 1 \\ 1 & 2 \end{vmatrix} = 4 - 1 = 3$$

$$Det_{?5} = \begin{vmatrix} 20 & 1 \\ 13 & 2 \end{vmatrix} = 40 - 13 = 27 \Longrightarrow ?5 = \frac{27}{3} \Longleftrightarrow \boxed{?5 = 9}$$

$$Det_{?6} = \begin{vmatrix} 2 & 20 \\ 1 & 13 \end{vmatrix} = 26 - 20 = 6 \Longrightarrow ?6 = \frac{6}{3} \Longleftrightarrow \boxed{?6 = 2}$$

$$?7 = 2 \times 11 + 17 \Longleftrightarrow ?7 = 22 + 17 \Longleftrightarrow \boxed{?7 = 39}$$

$$?8 = 11 + 2 \times 17 \Longleftrightarrow ?8 = 11 + 34 \Longleftrightarrow \boxed{?8 = 45}$$

$$26 = 4 + 2 \times ?9 \Longleftrightarrow ?9 = \frac{22}{2} \Longleftrightarrow \boxed{?9 = 11}$$

$$\Longrightarrow ?10 = 2 \times 4 + ?9 \Longleftrightarrow ?10 = 8 + 11 \Longleftrightarrow \boxed{?10 = 19}$$

Test de résolution de problèmes

Q121. Réponse **C**. Le poids de l'enfant est égal à 30 kg, la posologie est de 50 mg/kg chaque jour. La masse d'amoxicilline à absorber chaque jour est 30 × 50 mg = 1 500 mg. Pour 6 jours de traitement, la masse est alors égale à :
6 × 1 500 = 9 000 mg.
Dans chaque flacon de Clamoxyl®, une cuillère-mesure de 5 mL a 125 mg d'amoxicilline. Pour absorber 9 000 mg de principe actif, le volume de Clamoxyl® sera égale à :

Masse d'amoxicilline en mg	125	9 000
Volume de Clamoxyl® en mL	5	v

$$v = \frac{5 \times 9\ 000}{125} = 360 \quad ; \quad \boxed{v = 360\,\text{mL}}$$

Chaque flacon de Clamoxyl® contient 60 mL de suspension buvable. Pour obtenir un volume de 360 mL, il faut **6 flacons**.

Q122. Réponse **D**. Les deux coureurs partent au même moment et se croiseront au même instant. On appelle d la distance parcourue par le plus rapide. Le second coureur parcourt alors 1 – d. Si t est le temps au bout duquel ils se croisent, on peut alors écrire :

$$t = \frac{d}{30} = \frac{1-d}{20} \Longleftrightarrow 20\,d = 30 - 30\,d \Longleftrightarrow$$

$$50\,d = 30 \Longleftrightarrow d = \frac{30}{50} = 0{,}6 \quad ; \quad \boxed{d = 600\ \text{m}}$$

Q123. Réponse **B**. On note x la somme prise par Jordane. Avec les données de l'exercice, on peut alors écrire :

$$x + (1 + 30\,\%)x = 2\ 760$$
$$x + 1{,}3x = 2\ 760$$
$$2{,}3x = 2\ 760$$
$$x = \frac{2\ 760}{2{,}3} \Longleftrightarrow \boxed{x = 1\ 200}$$

Jordane prend **1 200 €**.

Q124. Réponse **A**. On calcule directement le nouveau tarif en utilisant les coefficients multiplicateurs.

$$P = 12 \times (1 + 5\,\%) \times (1 - 5\,\%)$$
$$P = 12 \times (1 + 0{,}05) \times (1 - 0{,}05)$$

$$(a + b) \times (a - b) = a^2 - b^2$$

$$P = 12 \times (1^2 - 0{,}05^2)$$
$$P = 12 \times (1 - 0{,}0025)$$
$$P = 12 \times 0{,}9975$$
$$\boxed{P = 11{,}97}$$

Le nouveau tarif est **11,97 €**.

Q125. Réponse **C**. On procède pas essais successifs.

Si elle réalise **1** bouquet, elle utilise :

- **1** × 5 = 5 roses, il en reste 200 – 5 = **195** ;
- **1** × 7 = 7 tulipes, il en reste 265 – 7 = **258** ;
- **1** × 9 = 9 marguerites, il en reste 339 – 9 = **330**.

Comme les restes sont très supérieurs au nombre de fleurs par bouquet, on peut en réaliser un plus grand nombre.

Si elle réalise **37** bouquets, elle utilise :

- **37** × 5 = 185 roses, il en reste 200 – 185 = 15 ;
- **37** × 7 = 259 tulipes, il en reste 265 – 259 = **6** ;
- **37** × 9 = 330 marguerites, il en reste 339 – 330 = 9.

Comme il ne reste que 6 tulipes, il n'est pas possible de réaliser un plus grand nombre de bouquets.

<u>Conclusion :</u> Martine peut réaliser **37** bouquets identiques. Il lui restera alors 15 + 6 + 9 = **30 fleurs** au total.

Grille corrigée

	A	B	C	D		A	B	C	D		A	B	C	D
Q1	×				Q26				×	Q51	×			
Q2		×			Q27				×	Q52		×		
Q3				×	Q28	×				Q53			×	
Q4		×			Q29			×		Q54			×	
Q5			×		Q30	×				Q55		×		
Q6				×	Q31	×				Q56	×			
Q7				×	Q32				×	Q57				×
Q8			×		Q33			×		Q58			×	
Q9			×		Q34	×				Q59				×
Q10		×			Q35				×	Q60				×
Q11	×				Q36	×				Q61	×			
Q12	×				Q37		×			Q62				×
Q13				×	Q38				×	Q63				×
Q14		×			Q39				×	Q64		×		
Q15				×	Q40				×	Q65	×			
Q16		×			Q41	×				Q66				×
Q17			×		Q42			×		Q67			×	
Q18	×				Q43		×			Q68	×			
Q19	×				Q44				×	Q69				×
Q20			×		Q45	×				Q70			×	
Q21	×				Q46			×		Q71	×			
Q22				×	Q47		×			Q72	×			
Q23		×			Q48				×	Q73	×			
Q24		×			Q49			×		Q74	×			
Q25			×		Q50				×	Q75		×		

	A	B	C	D
Q76			×	
Q77				×
Q78	×			
Q79			×	
Q80				×
Q81		×		
Q82	×			
Q83				×
Q84	×			
Q85		×		
Q86			×	
Q87				×
Q88	×			
Q89		×		
Q90	×			
Q91			×	
Q92	×			
Q93	×			
Q94		×		
Q95				×
Q96		×		
Q97		×		
Q98		×		
Q99	×			
Q100			×	

	A	B	C	D
Q101	×			
Q102		×		
Q103			×	
Q104			×	
Q105		×		
Q106	×			
Q107				×
Q108			×	
Q109				×
Q110				×
Q111	×			
Q112			×	
Q113		×		
Q114				×
Q115	×			
Q116			×	
Q117		×		
Q118				×
Q119			×	
Q120				×
Q121			×	
Q122				×
Q123		×		
Q124	×			
Q125			×	

Vos notes

SUJET N° 3

À la fin du sujet, vous disposez d'une grille pour cocher vos réponses.

Test d'aptitude numérique

10 min

Q1. Quel est le résultat de l'opération suivante ?

$$3+\frac{25}{6}\times\frac{2}{5}=$$

A. $\frac{14}{3}$ **B.** $\frac{13}{3}$ **C.** $\frac{8}{3}$ **D.** $\frac{7}{3}$

Q2. Simplifier l'expression suivante :

$$3\sqrt{48}-5\sqrt{27}+\sqrt{12}=$$

A. $-\sqrt{3}$ **B.** $-2\sqrt{3}$ **C.** $\sqrt{3}$ **D.** $2\sqrt{3}$

Q3. Simplifier l'expression suivante :

$$12^{-3}\times 6^{5}\times 48^{-2}=$$

A. 2^{-9} **B.** 3^{12} **C.** 6^{-7} **D.** 18^{-5}

Q4. Quelle est la valeur de « x » appartenant aux nombres entiers qui est solution de l'équation suivante ?

$$3x(x-7)=x^2-49$$

A. 9 **B.** 8 **C.** 7 **D.** 6

Q5. Quel est le plus grand diviseur commun aux quatre nombres 84, 60, 72 et 108 ?

A. 16 **B.** 15 **C.** 14 **D.** 12

Test de raisonnement analogique

15 min

Le but de ce test est de déterminer quelle est la suite logique des deux premières images.

Q6.

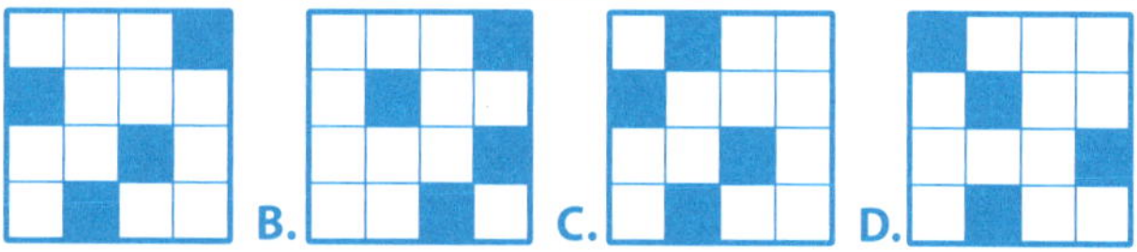

A. **B.** **C.** **D.**

Q7.

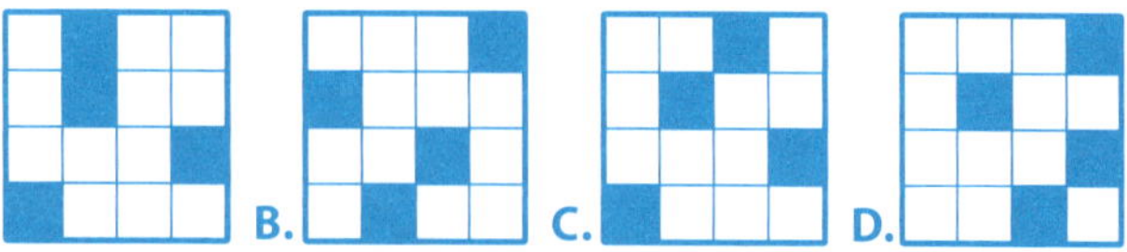

A. **B.** **C.** **D.**

Q8.

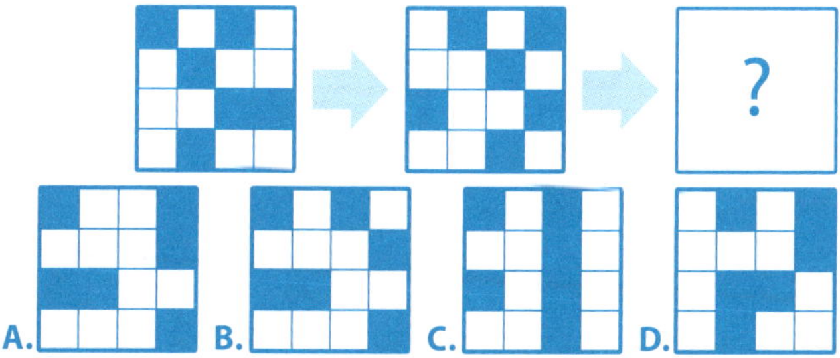

Q9.

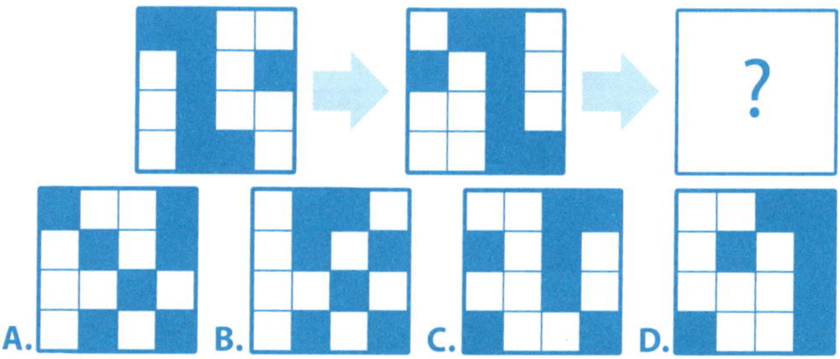

Q10.

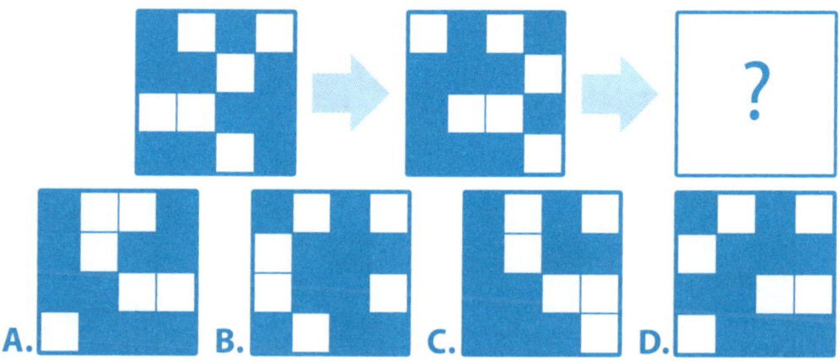

Q11.

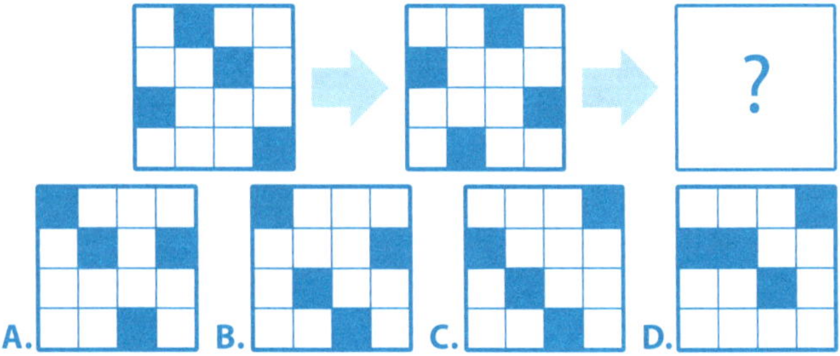

Q12.

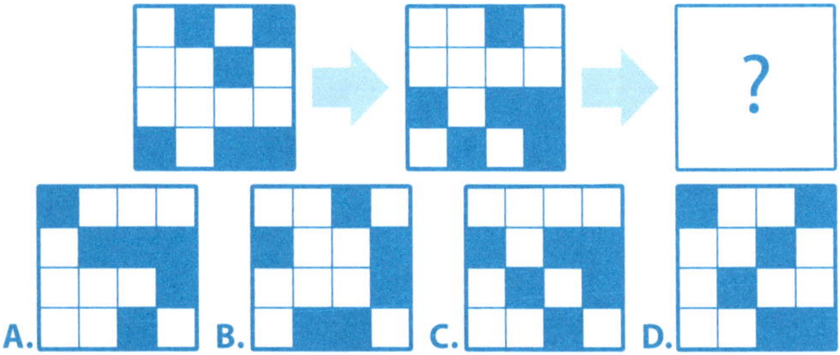

Q13.

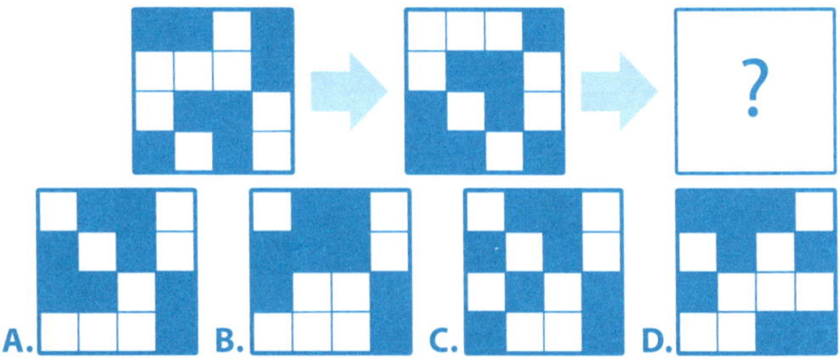

Q14.

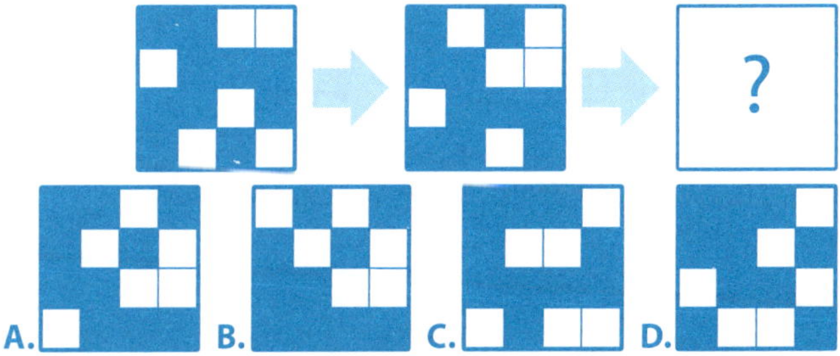

Q15.

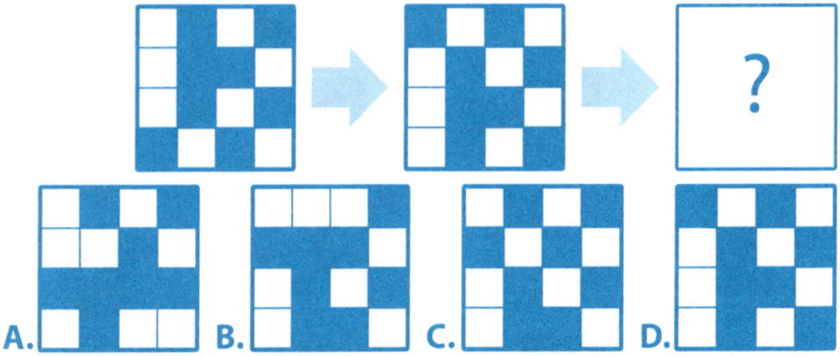

Test de concentration

5 min

Le dessin donné page suivante est composé d'une image de référence (réf.) et de cinq autres images numérotées de 1 à 5.

Pour chaque question, vous devez indiquer quel est le nombre de différences entre l'image de référence et l'une des autres images.

Par rapport à l'image de référence :

- les images n° 2, 4 et 5 sont vues par effet miroir ;
- l'image 3 est vue par rotation d'un demi-tour.

Les différences portent sur la position d'un dessin par rapport à son image, la taille et la forme de ces dessins.

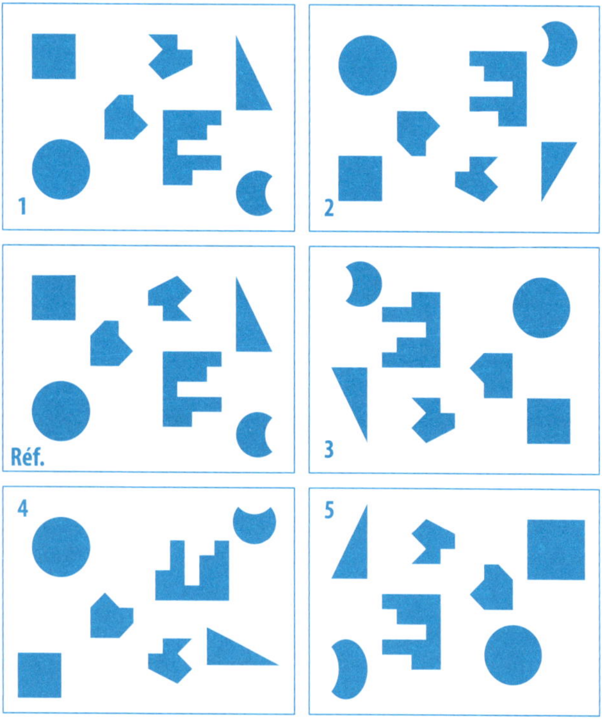

Q16. Quel est le nombre de différences entre l'image de référence et l'image n° 1 ?

A. 2 **B.** 3 **C.** 4 **D.** 5

Q17. Quel est le nombre de différences entre l'image de référence et l'image n° 2 ?

A. 2 **B.** 3 **C.** 4 **D.** 5

Q18. Quel est le nombre de différences entre l'image de référence et l'image n° 3 ?

A. 2 **B.** 3 **C.** 4 **D.** 5

Q19. Quel est le nombre de différences entre l'image de référence et l'image n° 4 ?

A. 2 **B.** 3 **C.** 4 **D.** 5

Q20. Quel est le nombre de différences entre l'image de référence et l'image n° 5 ?

A. 2 **B.** 3 **C.** 4 **D.** 5

Test de résolution de problèmes

10 min

Q21. En achetant un lot de deux brosses à dent, on bénéficie de 20 % de réduction. Le prix barré qui tient compte de cette réduction indique 6 €. Quel était le prix de chaque brosse à dent avant la réduction ?

A. 7,50 € **B.** 4,80 € **C.** 2,40 € **D.** 3,75 €

Q22. Le prix du pétrole brut augmente de 5 % chaque mois. Quel sera le pourcentage d'augmentation au bout de deux mois ?

A. 10 % **B.** 10,25 % **C.** 10,50 % **D.** 10,75 %

Q23. Pour la réservation d'un appartement à la montagne, il faut verser une acompte de 120 € qui sera déduit du prix de la location égal à 600 €. Quel est le pourcentage que représente l'acompte par rapport au prix de la location ?

A. 10 % **B.** 15 % **C.** 20 % **D.** 25 %

Q24. Le coût d'une assurance a augmenté de 60 € ce qui correspond à 15 % du prix avant l'augmentation. Quel est maintenant le nouveau prix à payer ?

A. 260 € **B.** 360 € **C.** 460 € **D.** 560 €

Q25. Quelle est la somme d'argent placée en intérêts composés pendant deux ans à un taux de 10 % par an qui rapporte un intérêt égal à 630 € ?

A. 2 000 € **B.** 2 500 € **C.** 3 000 € **D.** 3 500 €

Test d'abstraction

10 min

Vous devez déterminer quelle est l'image obtenue en superposant deux images.

<u>Remarque :</u> Avant d'être superposées, les images peuvent subir des transformations simples.

Voici les différentes transformations utilisées par rapport à une image de référence :

Réf. : image de référence.
R–90 : rotation d'un quart de tour dans le sens inverse des aiguilles d'une montre.
R+90 : rotation d'un quart de tour dans le sens des aiguilles d'une montre.
R180 : rotation d'un demi-tour.
SH : symétrie suivant un axe horizontal.
SV : symétrie suivant un axe vertical.

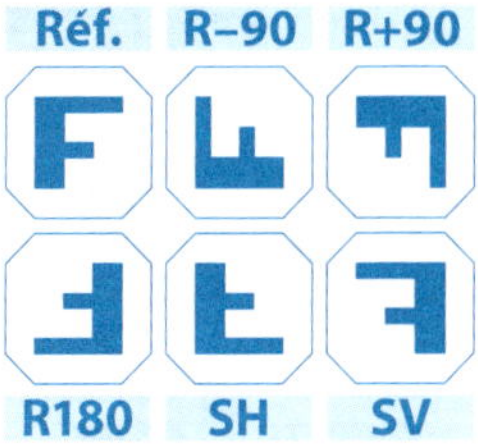

Voici un exemple de superposition de deux images (sans transformations) :

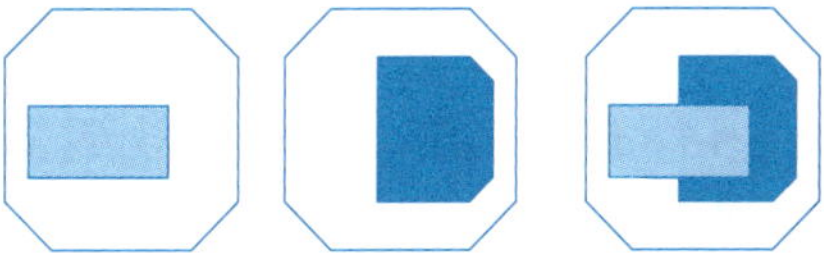

La première image se superpose sur la seconde image pour former la troisième image. La partie grisée de la première image reste entièrement visible. En revanche, la partie noire de la seconde image est partiellement cachée.

Par exemple, si on superpose la première image **R180** sur la seconde image **SV**, cela signifie que :

- on effectue une **R180** de la première image ;
- on effectue une **SV** de la seconde image ;
- on superpose les deux images transformées.

Ci-contre, les deux images utilisées pour toutes les questions de ce test :

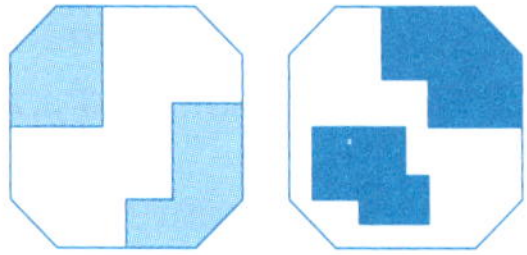

Ci-dessous, on donne toutes les images solutions des questions posées. Chaque image est numérotée.

n° 1 n° 2 n° 3 n° 4 n° 5

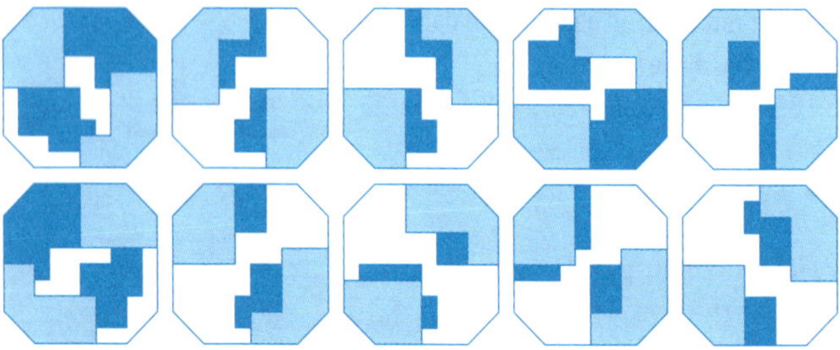

n° 6 n° 7 n° 8 n° 9 n° 10

Q26. Quelle est l'image obtenue en superposant les deux images **sans aucune transformation** ?

A. n° 1 **B.** n° 2 **C.** n° 3 **D.** n° 4

Q27. Quelle est l'image obtenue en superposant la première image **R–90** sur la seconde image **non transformée** ?

A. n° 7 **B.** n° 8 **C.** n° 9 **D.** n° 10

Q28. Quelle est l'image obtenue en superposant la première image **R+90** sur la seconde image **R–90** ?

A. n° 4 **B.** n° 5 **C.** n° 6 **D.** n° 7

Q29. Quelle est l'image obtenue en superposant la première image **R180** sur la seconde image **R+90** ?

A. n° 7 **B.** n° 8 **C.** n° 9 **D.** n° 10

Q30. Quelle est l'image obtenue en superposant la première image **non transformée** sur la seconde image **R–90** ?

A. n° 4 **B.** n° 5 **C.** n° 6 **D.** n° 7

Q31. Quelle est l'image obtenue en superposant la première image **SH** sur la seconde image **non transformée** ?

A. n° 1 **B.** n° 2 **C.** n° 3 **D.** n° 4

Q32. Quelle est l'image obtenue en superposant la première image **SH** sur la seconde image **R180** ?

A. n° 7 **B.** n° 8 **C.** n° 9 **D.** n° 10

Q33. Quelle est l'image obtenue en superposant la première image **non transformée** sur la seconde image **SV** ?

A. n° 1 **B.** n° 2 **C.** n° 3 **D.** n° 4

Q34. Quelle est l'image obtenue en superposant la première image **R–90** sur la seconde image **SH** ?

A. n° 4 **B.** n° 5 **C.** n° 6 **D.** n° 7

Q35. Quelle est l'image obtenue en superposant la première image **R180** sur la seconde image **SV** ?

A. n° 4 **B.** n° 5 **C.** n° 6 **D.** n° 7

Test de raisonnement logique

15 min

Les lettres utilisées sont : **P**, **Q**, **R**, **S** et **T**.
Les lettres ne doivent pas être présentes plusieurs fois dans une ligne du tableau et dans les réponses.

Q36. Parmi les réponses proposées, indiquer celles qui sont toujours **vraies**.

P	**Q**	Possède une lettre commune bien placée.
Q	**P**	Possède une lettre commune mal placée.
Q	**R**	Possède une lettre commune bien placée.

A. Il y a plusieurs solutions possibles à ce test.
B. La première lettre réponse est **P**.
C. La lettre **Q** n'appartient pas à la solution.
D. La lettre **R** appartient à la solution.

Q37. Parmi les réponses proposées, indiquer celles qui sont toujours **vraies**. De plus, il y a une seule réponse possible.

R	**S**	Possède une lettre commune mal placée.
R	**T**	Possède une lettre commune bien placée.

A. **R** est une lettre commune.
B. La première lettre réponse est **T**.

C. La lettre **R** n'appartient pas à la solution.
D. La lettre **S** appartient à la solution.

Q38. Parmi les réponses proposées, indiquer celles qui sont toujours **vraies**.

Q	**T**	Possède une lettre commune bien placée.
R	**S**	Il n'y a pas de lettre commune.
P	**R**	Possède une lettre commune bien placée.

A. Il y a plusieurs solutions possibles à ce test.
B. La première lettre réponse est **P**.
C. La lettre **R** n'appartient pas à la solution.
D. La lettre **S** appartient à la solution.

Q39. Parmi les réponses proposées, indiquer celles qui sont toujours **vraies**.

P	**Q**	Possède une lettre commune mal placée.
P	**R**	Il n'y a pas de lettre commune.
T	**R**	Possède une lettre commune mal placée.

A. Il y a plusieurs solutions possibles à ce test.
B. La première lettre réponse est **P**.
C. La lettre **Q** n'appartient pas à la solution.
D. La lettre **T** appartient à la solution.

Q40. Parmi les réponses proposées, indiquer celles qui sont toujours **vraies**.

P	**S**	Possède une lettre commune bien placée.
P	**Q**	Il n'y a pas de lettre commune.
S	**R**	Possède une lettre commune mal placée.

A. Il y a une seule solution à ce test.
B. La première lettre réponse est **T**.
C. La lettre **R** n'appartient pas à la solution.
D. La lettre **S** appartient à la solution.

Q41. Parmi les réponses proposées, indiquer celles qui sont toujours **vraies**.

P	**Q**	**S**	Possède une lettre commune mal placée et une lettre commune bien placée.
S	**R**	**P**	*Idem.*
S	**T**	**R**	Possède deux lettres communes bien placées.

A. Il y a une seule solution à ce test.
B. La première lettre réponse est **T**.
C. La lettre **S** appartient à la solution.
D. La lettre **R** n'appartient pas à la solution.

Q42. Parmi les réponses proposées, indiquer celles qui sont toujours **vraies**.

P	**Q**	**S**	Possède une lettre commune mal placée.
S	**R**	**P**	Possède une lettre commune bien placée.
S	**T**	**R**	Possède deux lettres communes mal placées.

A. Il y a deux solutions à ce test.
B. La première lettre réponse est **T**.
C. La lettre **S** n'appartient pas à la solution.
D. La lettre **P** n'appartient pas à la solution.

Q43. Parmi les réponses proposées, indiquer celles qui sont toujours **vraies**.

R	Q	P	Possède une lettre commune bien placée.
P	T	S	Possède deux lettres communes bien placées.

A. On peut déterminer la solution.
B. La première lettre réponse est **R**.
C. La lettre **S** n'appartient pas à la solution.
D. La lettre **P** n'appartient pas à la solution.

Q44. Parmi les réponses proposées, indiquer celles qui sont toujours **vraies**.

R	Q	S	Possède une lettre commune bien placée.
T	Q	S	Possède une lettre commune mal placée.
Q	R	P	Possède une lettre commune bien placée et une lettre commune mal placée.

A. La réponse à ce test est : **R T P**.
B. La première lettre réponse est **R**.
C. La lettre **S** n'appartient pas à la solution.
D. La lettre **P** n'appartient pas à la solution.

Q45. Parmi les réponses proposées, indiquer celles qui sont toujours **fausses**.

T	**R**	**S**	Possède une lettre commune mal placée.
P	**R**	**Q**	Possède deux lettres communes mal placées.
S	**P**	**R**	Possède une lettre commune mal placée.

A. La réponse à ce test est : **Q T P**.
B. La troisième lettre réponse est **R**.
C. La lettre **S** n'appartient pas à la solution.
D. La lettre **P** appartient à la solution.

Q46. Parmi les réponses proposées, indiquer celles qui sont toujours **fausses**.

P	**T**	**S**	Possède une lettre commune mal placée.
Q	**R**	**S**	Possède deux lettres communes bien placées.
T	**S**	**Q**	Possède une lettre commune mal placée.

A. La réponse à ce test est : **R P Q**.
B. Il y a deux solutions à ce test.
C. Il y a au moins une solution à ce test.
D. La lettre **P** n'appartient pas à la solution.

Q47. Parmi les réponses proposées, indiquer celles qui sont toujours **fausses**.

T	**Q**	**S**	Possède une lettre commune mal placée.
Q	**P**	**S**	Possède une lettre commune bien placée.

A. La réponse à ce test est : **R P Q**.
B. Il n'y a pas plus de deux solutions à ce test.
C. Il y a moins de trois solutions à ce test.
D. Les lettres **Q** et **S** n'appartiennent pas à la solution.

Q48. Parmi les réponses proposées, indiquer celles qui sont toujours **vraies**.

P	**S**	**R**	Chaque ligne possède une lettre commune mal placée et une autre bien placée.
T	**Q**	**S**	

A. Une réponse à ce test est : **S T R**.
B. Il y a deux solutions à ce test.
C. On peut trouver une solution à ce test.
D. Toutes les lettres peuvent figurer dans les solutions.

Q49. Parmi les réponses proposées, indiquer celles qui sont toujours **fausses**.

Q	**T**	**R**	Chaque ligne possède une lettre commune mal placée et une autre bien placée.
Q	**P**	**T**	

A. Une réponse à ce test est : **T P R**.
B. Il n'y a pas de solution à ce test.
C. Il y a plusieurs solutions à ce test.
D. Les lettres **Q** et **S** n'appartiennent pas à la solution.

Q50. Parmi les réponses proposées, indiquer celles qui sont toujours **vraies**.

P	**S**	**T**	Chaque ligne possède une lettre commune mal
R	**S**	**Q**	placée et une autre bien placée.

A. Une réponse à ce test est : **T S R**.
B. Il y a deux solutions à ce test.
C. On ne peut pas trouver une solution à ce test.
D. Toutes les lettres peuvent figurer dans les solutions.

Test de résolution de problèmes

Q51. Pour repasser une pile de linge, Martine met 1 heure. Pour le même travail, Lucette met 20 minutes. Combien de temps mettront-elles ensemble pour repasser cette pile de linge ?

A. 12 min **B.** 15 min **C.** 16 min **D.** 18 min

Q52. En considérant que la pile de linge est composée de 80 vêtements identiques, quelle sera alors la quantité de vêtements repassés par Martine ?

A. 10 **B.** 20 **C.** 30 **D.** 40

Q53. Quelle sera alors la quantité de vêtements repassés par Lucette ?

A. 40 **B.** 30 **C.** 50 **D.** 60

Q54. Dans un couple, Madame perçoit le double du salaire de son mari. En 21 jours, la somme des traitements est égale à 5 040 €. Quel est le salaire journalier de Monsieur ?

A. 80 **B.** 120 **C.** 150 **D.** 160

Q55. Sur une carte au 1/50 000 on mesure que la distance entre deux villes est égale à 45 mm. Quelle est en km la distance réelle ?

A. 1,25 km **B.** 12,5 km **C.** 2,25 km **D.** 22,5 km

Test de raisonnement logique

5 min

Dans la grille ci-contre chaque ligne et chaque colonne ne doivent avoir qu'une seule fois les quatre figures : trèfle, cœur, pique et carreau. Vous devez déterminer quelles sont les figures à placer dans les grilles numérotées de « **?1** » à « **?5** ». *Pour vous aider, vous disposez d'une grille vierge.*

♥			**?1**
?2	♦		
?3		**?4**	♣
	♣	**?5**	♠

Q56. Quelle est la figure qui doit remplacer « **?1** » ?

A. Cœur **B.** Carreau **C.** Pique **D.** Trèfle

Q57. Quelle est la figure qui doit remplacer « **?2** » ?

A. Cœur **B.** Carreau **C.** Pique **D.** Trèfle

Q58. Quelle est la figure qui doit remplacer « **?3** » ?

A. Cœur **B.** Carreau **C.** Pique **D.** Trèfle

Q59. Quelle est la figure qui doit remplacer « **?4** » ?

A. Cœur **B.** Carreau **C.** Pique **D.** Trèfle

Q60. Quelle est la figure qui doit remplacer « **?5** » ?

A. Cœur **B.** Carreau **C.** Pique **D.** Trèfle

Test de concentration

10 min

Le but de ce test est de déterminer quelles sont les images qui <u>ne sont pas</u> obtenues par déplacement ou rotation d'une image de référence.

Pour chaque question, la première image est l'image de référence. Elle est suivie de quatre propositions de réponse. Plusieurs réponses sont possibles.

Q61.

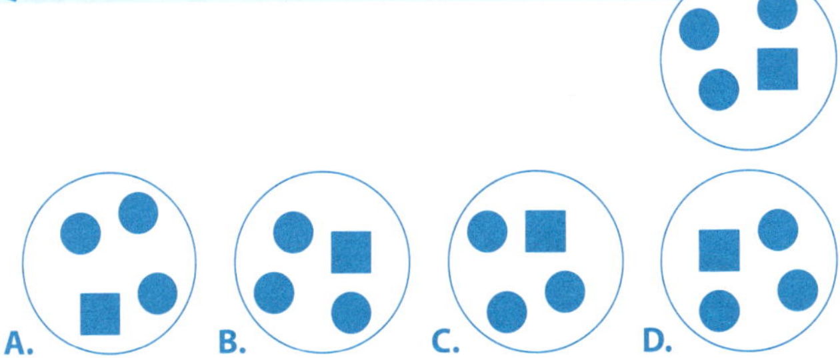

Q62.

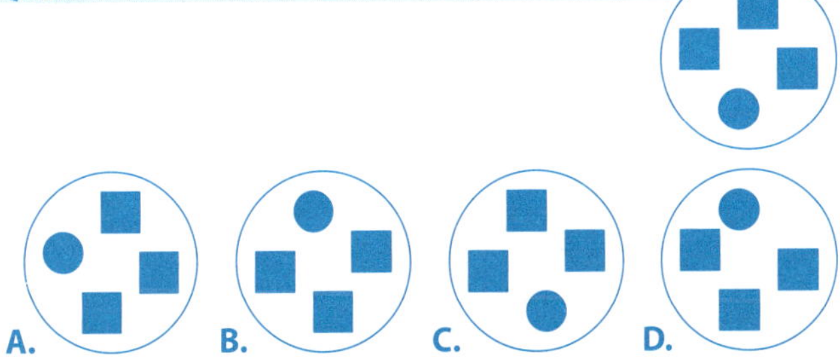

Q63.

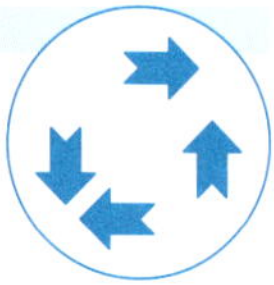

A. 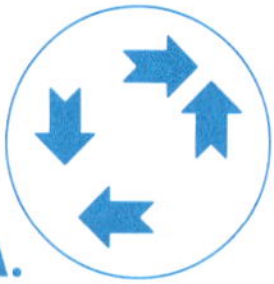

B. 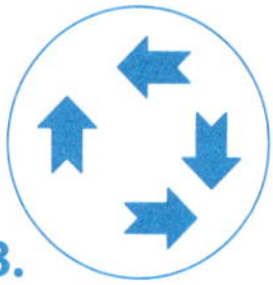

C. 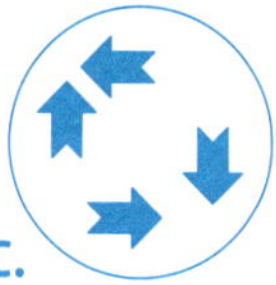

D. 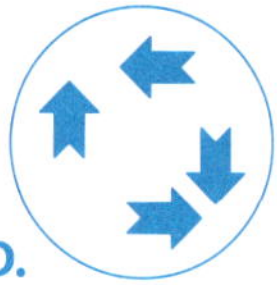

Q64.

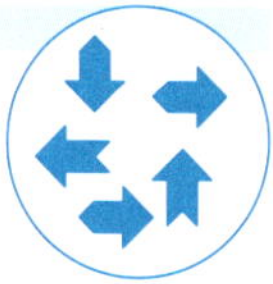

A. 

B. 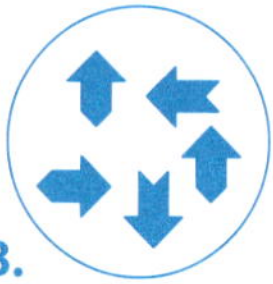

C. 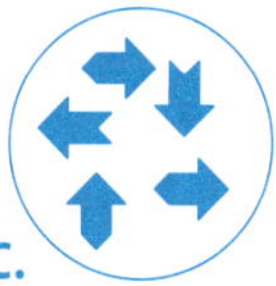

D. 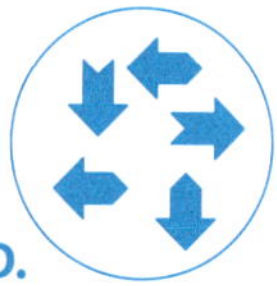

Q65.

A. 

B. 

C. 

D. 

Q66.

A. 

B. 

C. 

D. 

Q67.

A. 

B. 

C. 

D. 

Q68.

A. 

B. 

C. 

D. 

Q69.

A.  **B.**  **C.**  **D.** 

Q70.

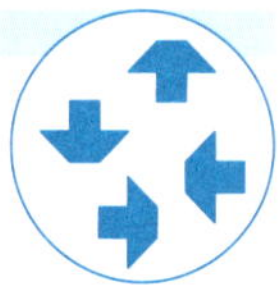

A.  **B.** 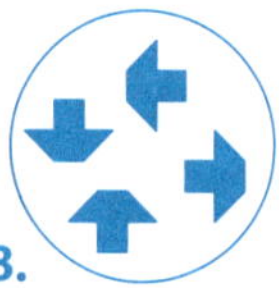 **C.** 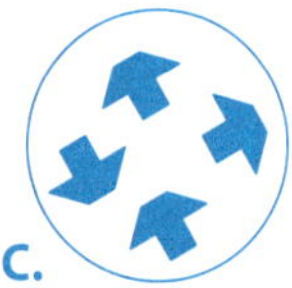 **D.** 

Test de résolution de problèmes

15 min

Q71. Un train d'un kilomètre de long rentre dans un tunnel à 12 h en roulant à la vitesse moyenne de 60 km/h. Le tunnel mesure lui aussi un kilomètre de long. À quelle heure, l'arrière du train sortira-t-elle du tunnel ?

A. 12 h 04 **B.** 12 h 03 **C.** 12 h 02 **D.** 12 h 01

Q72. Dans un train circulant à 90 km/ h, un voyageur se met à courir dans le sens de déplacement du train à la vitesse de 10 km/h pour rattraper le contrôleur. À quelle vitesse les vaches qui ruminent dans le pré voient-elles courir le voyageur ?

A. 90 km/h **B.** 50 km/h **C.** 100 km/h **D.** 80 km/h

Q73. Un viticulteur mélange une cuve de 500 L de vin à 12 ° avec une autre cuve de vin de 200 L mais à 10 °. Quel est environ le degré d'alcool du mélange ?

A. 10,3° **B.** 10,8° **C.** 11,4° **D.** 11,8°

Q74. Le prix du lait varie beaucoup. Il augmente de 20 % pendant un mois puis baisse d'autant le mois suivant. Quel est le taux de variation sur les deux mois ?

A. 0 % **B.** 4 % **C.** 2 % **D.** –4 %

Q75. Si un fleuriste vend trois roses et quatre marguerites à 12 € mais aussi deux roses et six marguerites à 15 €, quel sera le prix d'une belle rose et de deux marguerites ?

A. 1,2 € **B.** 2,1 € **C.** 3,3 € **D.** 5,4 €

Q76. Trois associés doivent se partager un bénéfice net de 16 000 €. Sachant que le premier prend autant que les deux autres et que le deuxième prend le double du troisième, quelle est environ la valeur de la plus petite part ?

A. 2 667 € **B.** 3 333 € **C.** 5 333 € **D.** 8 000 €

Q77. Si le prix d'une consultation médicale de 23 € augmente de 1 € chaque année, quel sera environ le taux d'augmentation au bout de cinq ans ?

A. 20,3 % **B.** 20,8 % **C.** 21,7 % **D.** 22,1 %

Q78. Des personnes se partagent une baguette de pain de 150 g coupée en trois coups de couteau et en parts égales. Quel est le poids de chaque part ?

A. 50 g **B.** 75 g **C.** 37,5 g **D.** 67,5 g

Q79. Il est tombé hier soir 15 mm d'eau par mètre carré de terre. Quel est le volume d'eau de pluie sur un champ de un are ?

A. 150 L **B.** 1 500 L **C.** 15 m^3 **D.** 150 m^3

Q80. Dans un établissement scolaire de 250 élèves, on dénombre 200 élèves étudiant l'anglais et parmi eux trois quarts étudient l'espagnol. Quel est le pourcentage d'élèves étudiant ces deux langues ?

A. 50 % **B.** 55 % **C.** 60 % **D.** 65 %

Test de raisonnement logique

15 min

Vous devez déterminer quels sont les nombres ou les lettres qui complètent chaque série.

					A	B	C	D
Q81	17	18	20	23	27	26	29	28
Q82	– 2	1	4	7	14	18	25	28
Q83	– 4	16	7	49	28	40	36	44
Q84	18	24	21	22,5	23,25	22,15	21,75	20,25
Q85	9	10	8	12	4	6	18	15
Q86	1,2	5	6	30	24	60	180	240
Q87	9	3	15	5	12	17	21	24

Q88	6	18	9	36	12	21	15	12
Q89	13	–4	19	2	25	17	21	23
Q90	13	17	19	23	26	27	28	29
Q91	56	63	70	77	78	84	91	94
Q92	1	8	27	64	88	125	225	356
Q93	16	256	64	512	612	768	894	1024
Q94	A	D	H	K	R	V	X	T
Q95	E 6	K 2	M 5	R 8	U	W	Z	D
Q96	G 1	J 6	M 36	P 216	V 414	T 168	Q 3 345	S 1 296
Q97	AK 11	FH 48	TR 360	GX 168	ZE 128	AR 19	BT 40	HJ 88
Q98	17 GH	15 DI	24 BT	35 KV	31 ZC	17 CN	27 CT	28 BY
Q99	R K G	T O E	K I B	X Q G	U R C	X R E	Y P J	K C G
Q100	1 2 4 5 L	4 7 2 8 U	4 3 9 1 Q	1 1 2 1 8 M	9 9 1 1 U	1 5 1 7 N	1 9 6 2 S	6 9 1 9 X

Test de raisonnement logique

5 min

Le but de ce test est de déterminer quelle est l'image qui est la suite logique des trois premières images.

Q101.

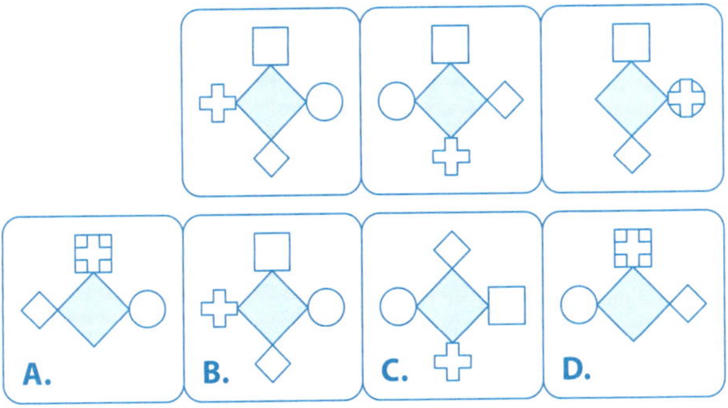

Q102.

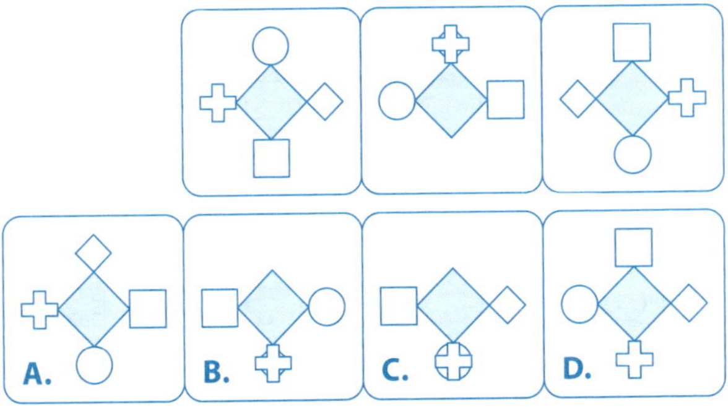

Q103.

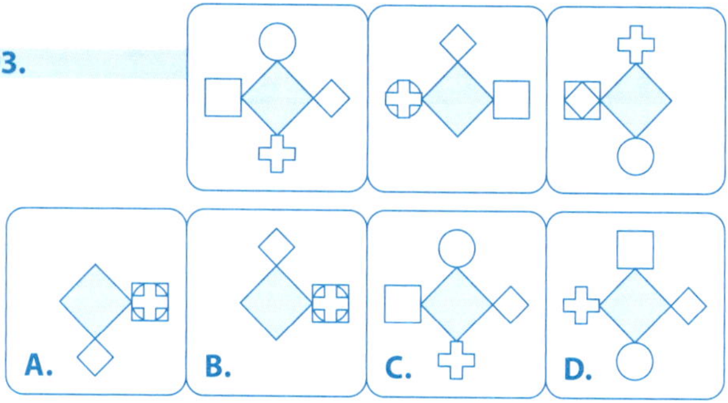

Q104.

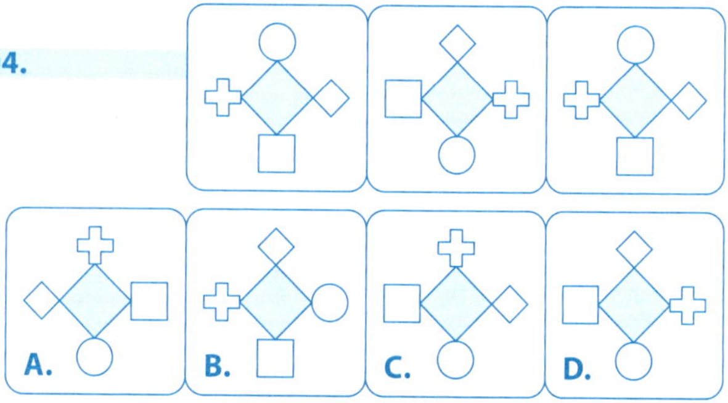

Q105.

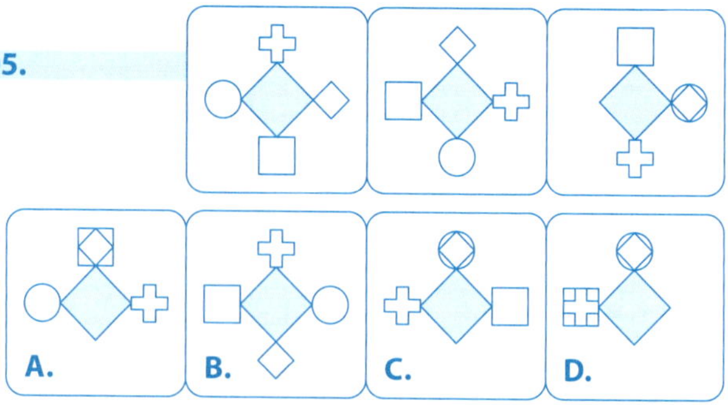

Q106.

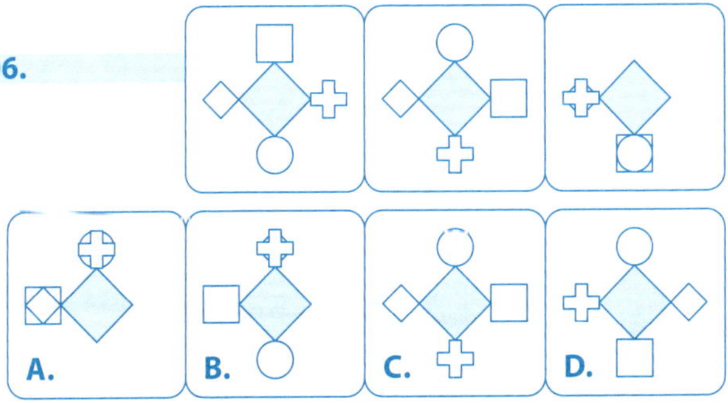

Q107.

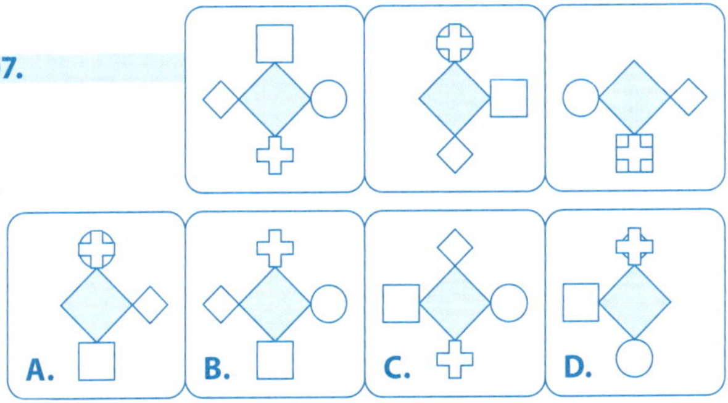

Q108.

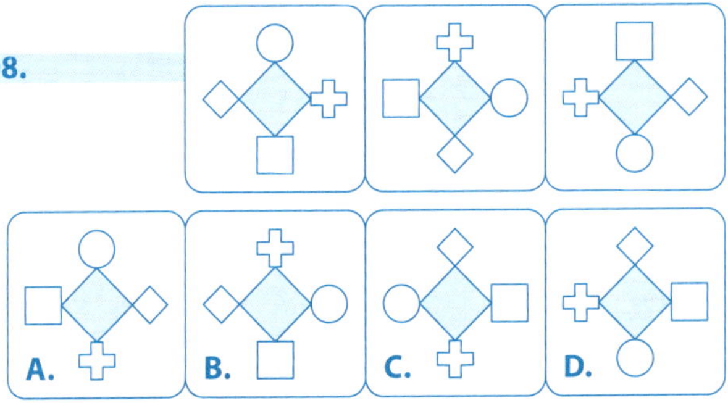

Q109.

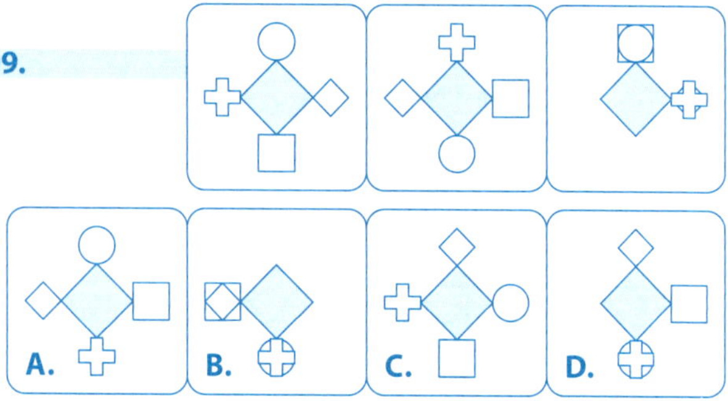

Q110.

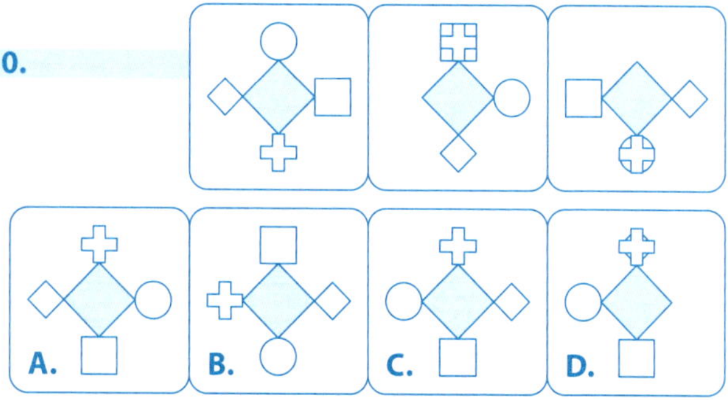

Q111.

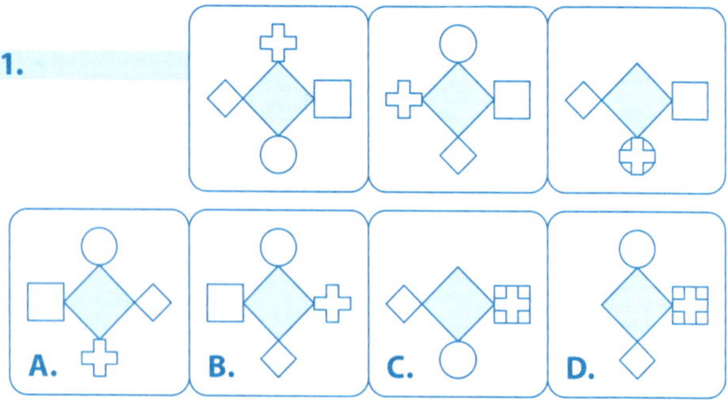

Q112.

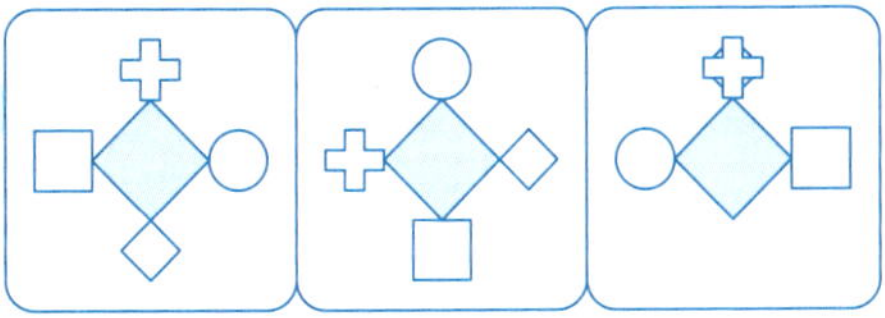

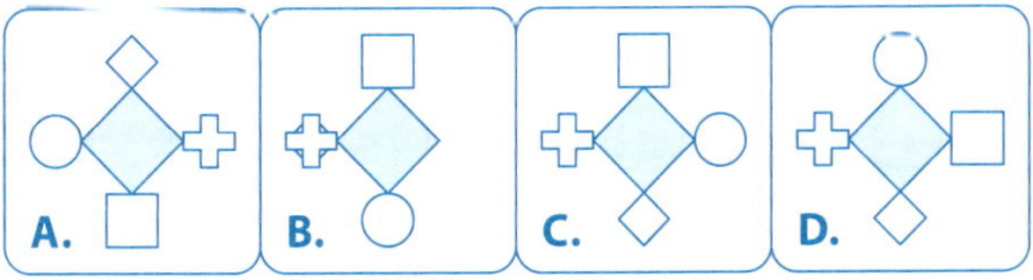

Q113.

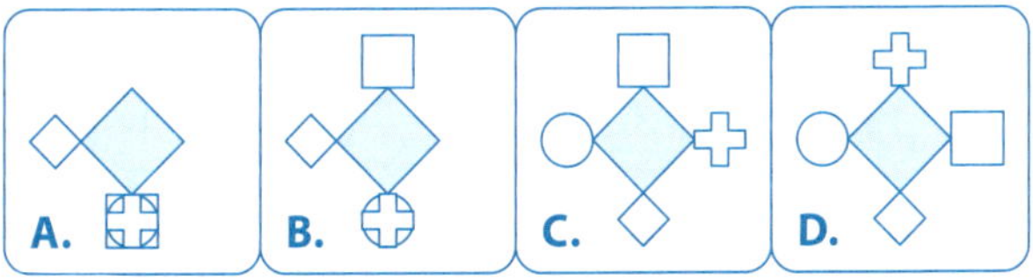

Q114.

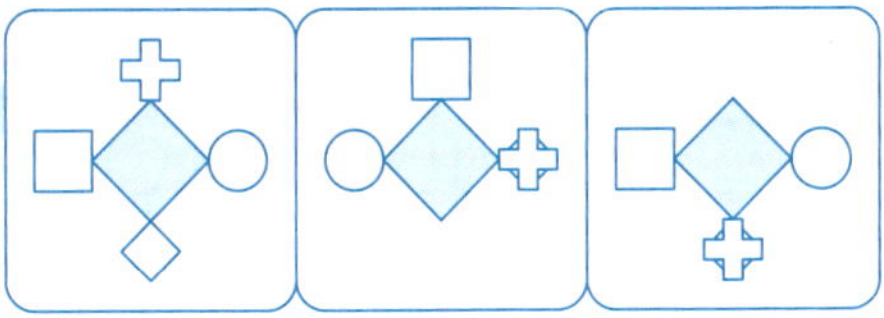

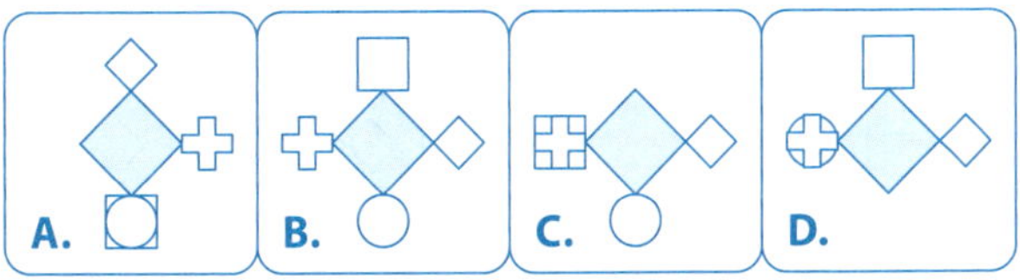

Q115.

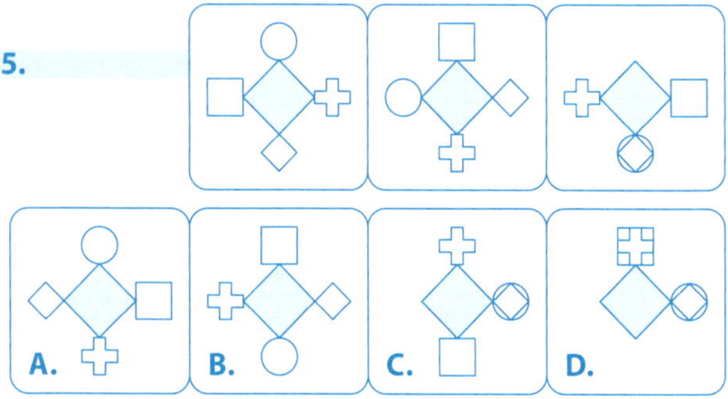

Q116.

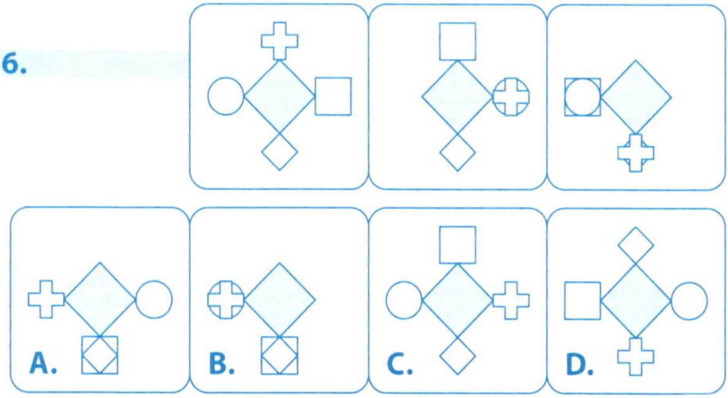

Q117.

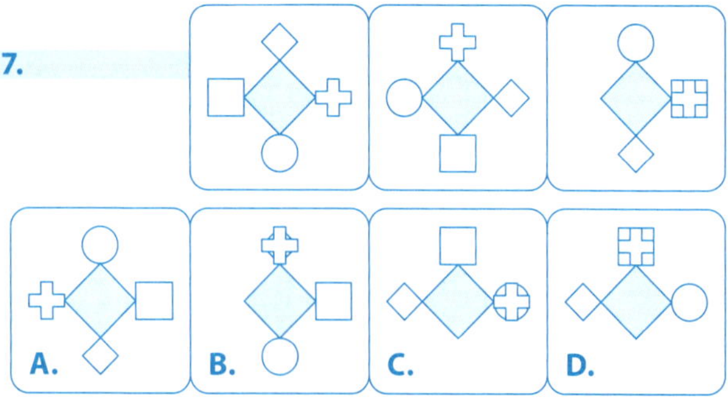

Q118.

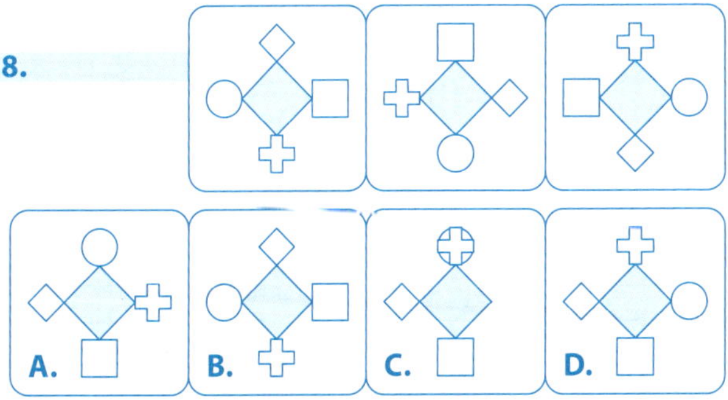

Q119.

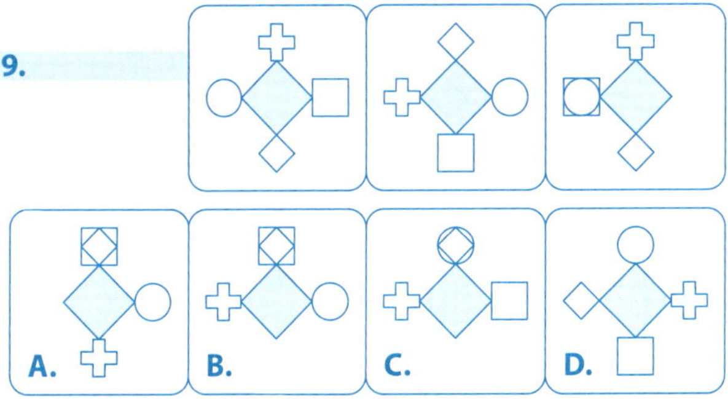

Q120.

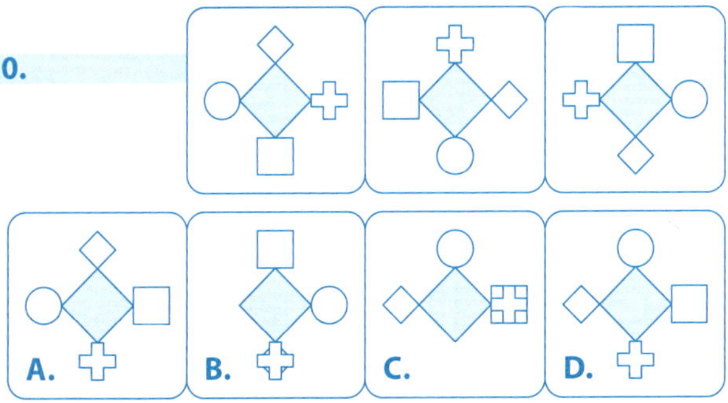

Q121.

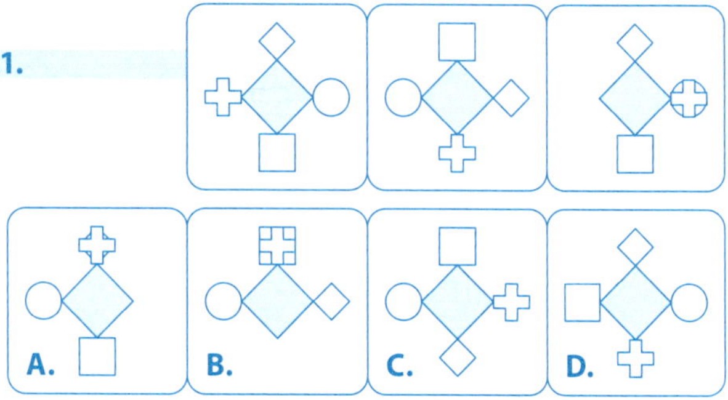

Q122.

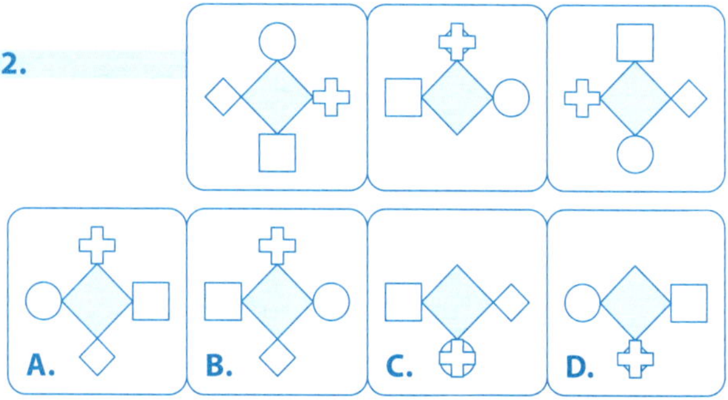

Q123.

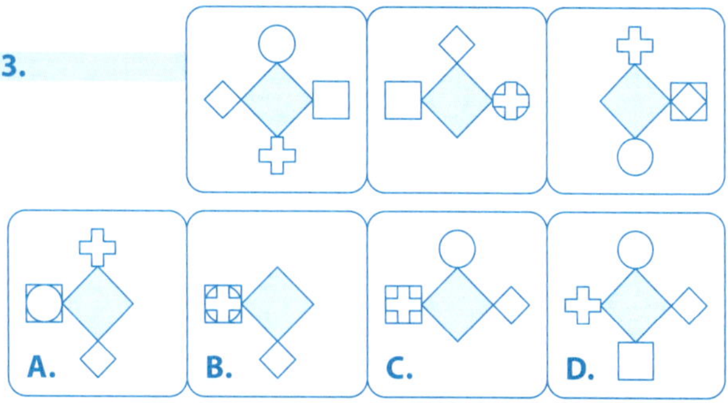

Q124.

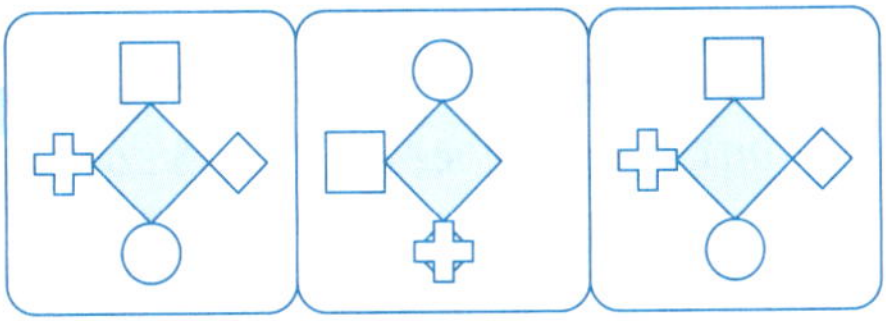

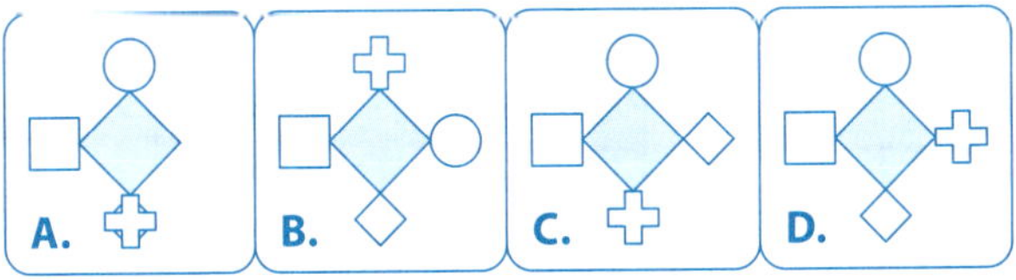

Q125.

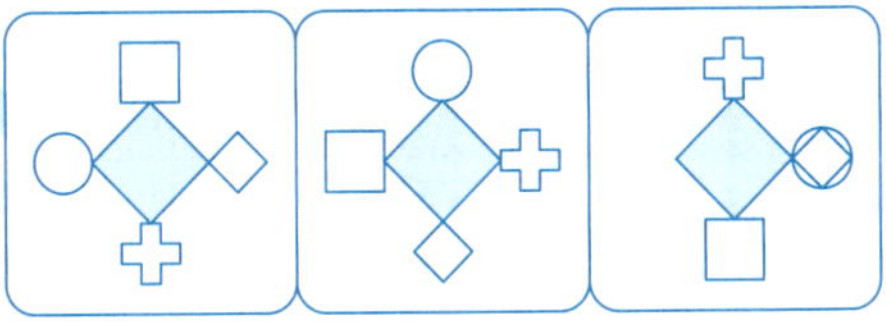

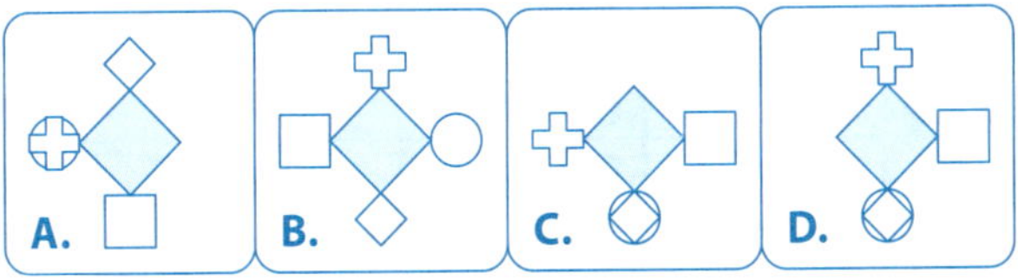

Grille réponse

Avec un crayon, cochez vos réponses à chaque question.

	A	B	C	D		A	B	C	D		A	B	C	D
Q1					Q26					Q51				
Q2					Q27					Q52				
Q3					Q28					Q53				
Q4					Q29					Q54				
Q5					Q30					Q55				
Q6					Q31					Q56				
Q7					Q32					Q57				
Q8					Q33					Q58				
Q9					Q34					Q59				
Q10					Q35					Q60				
Q11					Q36					Q61				
Q12					Q37					Q62				
Q13					Q38					Q63				
Q14					Q39					Q64				
Q15					Q40					Q65				
Q16					Q41					Q66				
Q17					Q42					Q67				
Q18					Q43					Q68				
Q19					Q44					Q69				
Q20					Q45					Q70				
Q21					Q46					Q71				
Q22					Q47					Q72				
Q23					Q48					Q73				
Q24					Q49					Q74				
Q25					Q50					Q75				

	A	B	C	D		A	B	C	D
Q76					**Q101**				
Q77					**Q102**				
Q78					**Q103**				
Q79					**Q104**				
Q80					**Q105**				
Q81					**Q106**				
Q82					**Q107**				
Q83					**Q108**				
Q84					**Q109**				
Q85					**Q110**				
Q86					**Q111**				
Q87					**Q112**				
Q88					**Q113**				
Q89					**Q114**				
Q90					**Q115**				
Q91					**Q116**				
Q92					**Q117**				
Q93					**Q118**				
Q94					**Q119**				
Q95					**Q120**				
Q96					**Q121**				
Q97					**Q122**				
Q98					**Q123**				
Q99					**Q124**				
Q100					**Q125**				

Vous pouvez vous attribuer une note en comptant le nombre de bonnes réponses « B ».

$N = 0{,}16 \times B$

$N = 0{,}16 \times \square = \square$

Vos notes

CORRIGÉ DU SUJET N° 3

Test d'aptitude numérique

Q1. Réponse **A**. *Détail du calcul.*

$$3+\frac{25}{6}\times\frac{2}{5}=3+\frac{\overset{5}{\cancel{25}}}{\underset{3}{\cancel{6}}}\times\frac{\overset{1}{\cancel{2}}}{\underset{1}{\cancel{5}}}=3+\frac{5\times1}{3\times1}=3+\frac{5}{3}=\frac{9}{3}+\frac{5}{3}=\frac{14}{3}$$

Q2. Réponse **A**. *Détail du calcul.*

1 • On décompose chaque racine carrée.

$$\sqrt{48}=\sqrt{16\times3}=\sqrt{16}\times\sqrt{3}=4\sqrt{3}$$

$$\sqrt{27}=\sqrt{9\times3}=\sqrt{9}\times\sqrt{3}=3\sqrt{3}$$

$$\sqrt{12}=\sqrt{4\times3}=\sqrt{4}\times\sqrt{3}=2\sqrt{3}$$

2 • On simplifie l'expression.

$$3\sqrt{48}-5\sqrt{27}+\sqrt{12}=3\times4\sqrt{3}-5\times3\sqrt{3}+2\sqrt{3}=$$

$$12\sqrt{3}-15\sqrt{3}+2\sqrt{3}=(12-15+2)\sqrt{3}=-\sqrt{3}$$

Q3. Réponse **A**. *Détail du calcul.*

1 • On décompose chaque nombre.

$$12=4\times3=2^2\times3\Leftrightarrow12^{-3}=\left(2^2\times3\right)^{-3}=2^{-6}\times3^{-3}$$

$$6=2\times3\Leftrightarrow6^5=\left(2\times3\right)^5=2^5\times3^5$$

$$48=16\times3=2^4\times3\Leftrightarrow48^{-2}=\left(2^4\times3\right)^{-2}=2^{-8}\times3^{-2}$$

2 • On simplifie l'expression.

$$12^{-3}\times 6^{5}\times 48^{-2}=\left(2^{-6}\times 3^{-3}\right)\times\left(2^{5}\times 3^{5}\right)\times\left(2^{-8}\times 3^{-2}\right)=$$
$$2^{-6+5-8}\times 3^{-3+5-2}=2^{-9}\times 3^{0}=2^{-9}\times 1=2^{-9}$$

Q4. Réponse **C**. *Détail du calcul.* On factorise l'expression en utilisant une identité remarquable.

$$a^{2}-b^{2}=(a-b)(a+b)\Rightarrow x^{2}-49=(x-7)(x+7)$$
$$3x(x-7)=x^{2}-49\Leftrightarrow 3x(x-7)=(x-7)(x+7)\Leftrightarrow$$
$$3x(x-7)-(x-7)(x+7)=0\Leftrightarrow$$
$$(x-7)\left[3x-(x+7)\right]=0\Leftrightarrow$$
$$(x-7)(3x-x-7)=0\Leftrightarrow(x-7)(2x-7)=0\Rightarrow$$
$$\left.\begin{cases}x-7=0\Leftrightarrow x=7\in\mathbb{N}\\ 2x-7=0\Leftrightarrow 2x=7\Leftrightarrow x=\dfrac{7}{2}\notin\mathbb{N}\end{cases}\right\}\Rightarrow S=\{7\}$$

La seule solution à retenir est le nombre entier 7.

Q5. Réponse **D**. *Détail du calcul.*

Pour déterminer le plus grand diviseur commun aux quatre nombres, il faut tout d'abord décomposer chaque nombre en un produit de nombres premiers. Ensuite, on obtient le PGDC en effectuant le produit de tous les diviseurs communs aux quatre nombres affectés respectivement de la plus petite puissance observée dans les décompositions.

$$84=2^{2}\times 3\times 7\ ;\ 60=2^{2}\times 3\times 5$$
$$72=2^{3}\times 3^{2}\ ;\ 108=2^{2}\times 3^{3}$$
$$PGDC=2^{2}\times 3=4\times 3=12$$

Test de raisonnement analogique

De Q6 à Q10 les déplacements des petits carrés noirs se font sur une ligne horizontale et de la gauche vers la droite. Quand un petit carré noir arrive « en bout de ligne » il revient au déplacement suivant en « début de ligne ».

Q6. Réponse **A.**

Q7. Réponse **C.**

Q8. Réponse **B.**

Q9. Réponse **D.**

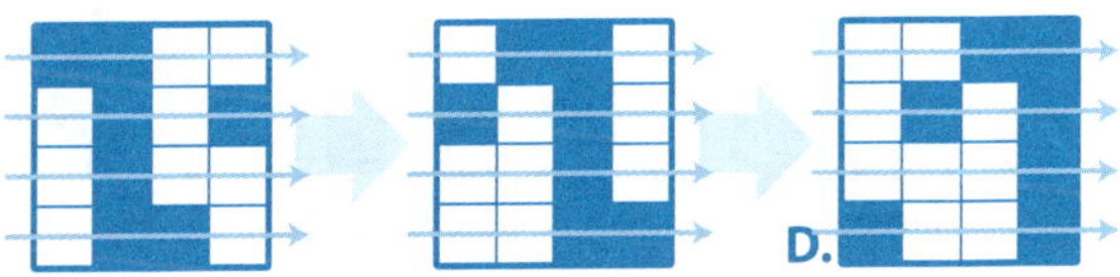

Q10. Réponse **D.**

De Q11 à Q15 les déplacements des petits carrés noirs se font sur une ligne verticale comme l'indiquent les flèches. Quand un petit carré noir arrive « en bout de colonne » il revient au déplacement suivant en « début de colonne ».

Q11. Réponse **B.**

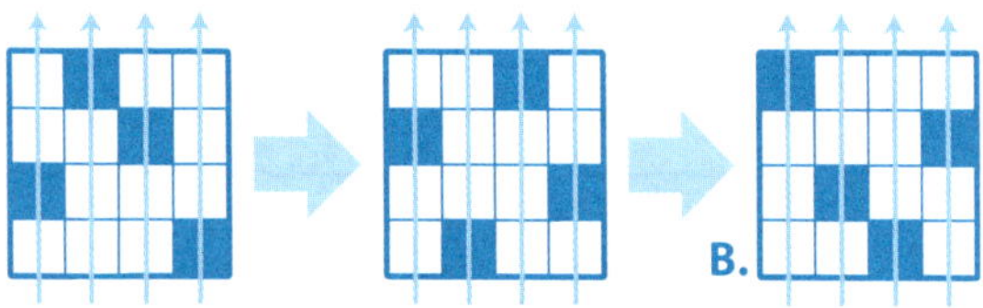

Q12. Réponse **C.**

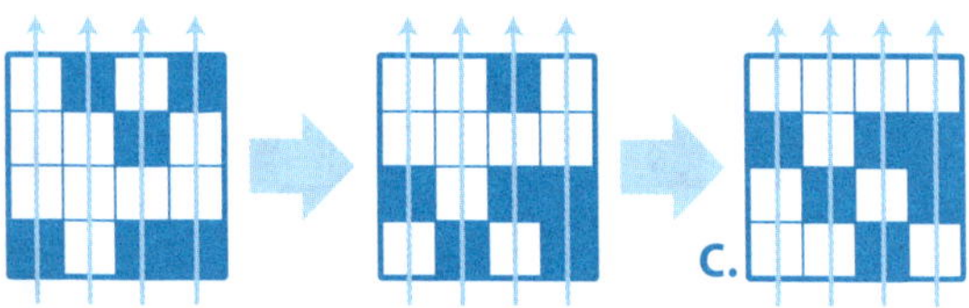

Q13. Réponse **A.**

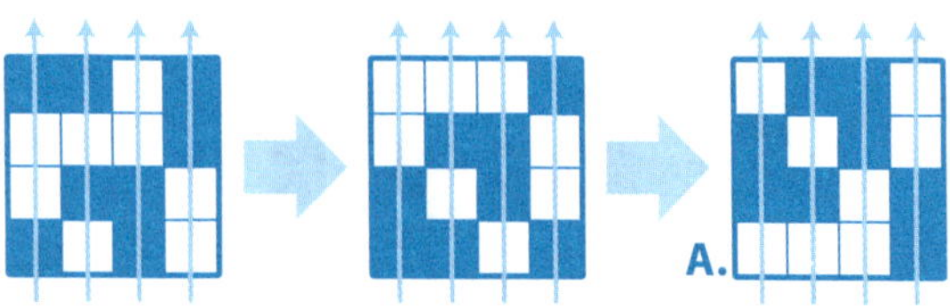

Q14. Réponse **A.**

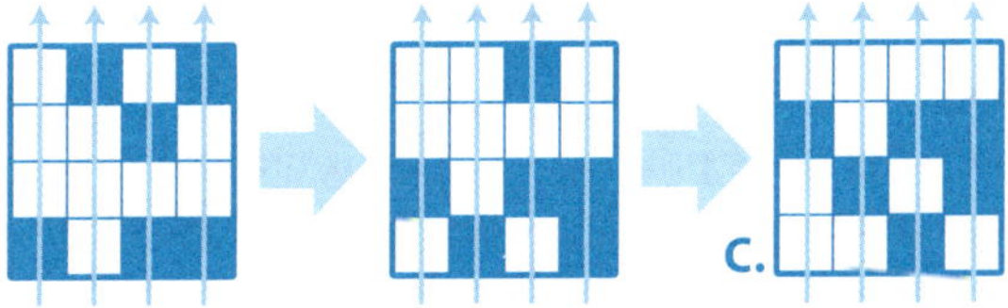

Q15. Réponse **C.**

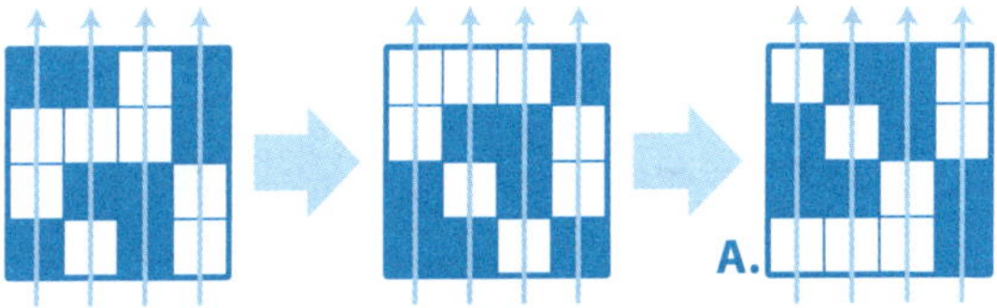

Test de concentration

Questions de Q16 à Q20 : se reporter à la grille réponse.

Sur l'image ci-contre, les différences par rapport à l'image de référence sont notées en noir. Les dessins gris n'ont pas été modifiés.

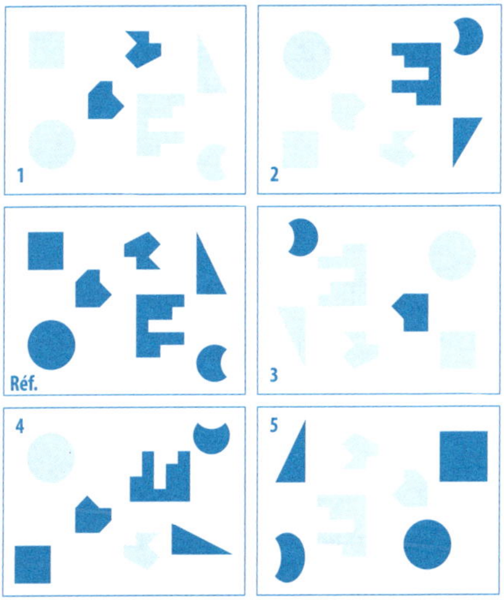

Test de résolution de problèmes

Q21. Réponse **D**. On connaît le prix final des deux brosses. On cherche le prix initial des deux brosses. On divise ce prix par deux pour obtenir le prix initial de chaque brosse.

$$Pf = 6\,;\, Pi = \frac{Pf}{1-t} \Rightarrow Pi = \frac{6}{1-20\,\%} = \frac{6}{1-\frac{20}{100}} = \frac{6}{1-0{,}2} =$$

$$\frac{6}{0{,}8} = 7{,}5 \Rightarrow Pu = \frac{Pi}{2} \Rightarrow Pu = \frac{7{,}5}{2} = 3{,}75$$

Le prix unitaire de chaque brosse était égal à **3,75 €**.

Q22. Réponse **B**. Si chaque mois le prix du pétrole brut augmente de 5 %, au bout de deux mois l'augmentation sera égale à :

$$P1 = P \times (1+5\,\%) = P \times \left(1+\frac{5}{100}\right) = P \times (1+0{,}05) = P \times 1{,}05.$$

$$P2 = P1 \times (1+5\,\%) = P1 \times 1{,}05 = (P \times 1{,}05) \times 1{,}05 =$$

$$P \times 1{,}05^2 = P \times 1{,}1025 = P \times (1+0{,}1025) = P \times (1+10{,}25\,\%)$$

Le prix de pétrole brut a augmenté de **10,25 %**.

Q23. Réponse **C**. On calcule ce pourcentage par une simple règle de trois ou une proportionnalité.

Acompte (€)	Montant de la location (€)
120	600
T	100

$$T = \frac{120 \times 100}{600} = \frac{120}{6} = 20$$

L'acompte représente **20 %** du prix de la location.

Q24. Réponse **C**. Si 60 € représentent 15 % du prix initial, celui-ci est égal à :

$$Pi = \frac{60}{15\,\%} = \frac{60 \times 100}{15} = 400$$

Après l'augmentation, le prix à payer sera égal à :

$$Pf = 400 + 60 = 460$$

Le nouveau prix à payer est égal à **460 €**.

Q25. Réponse **C**. On note S, la somme d'argent placée dans les conditions de l'énoncé. On note I, les intérêts acquis. On peut écrire :

$$S \times (1 + 10\,\%)^2 = S \times (1{,}10)^2 = S \times 1{,}21 = S \times (1 + 0{,}21) =$$

$$S + S \times 0{,}21 = S + I \Leftrightarrow I = S \times 0{,}21$$

$$I = 630 \Leftrightarrow S = \frac{630}{0{,}21} = \frac{630 \times 100}{21} = \frac{63 \times 1000}{21} = 3\,000$$

La somme placée était égale à **3 000 €**.

Test d'abstraction

Q26. L'image obtenue est l'image n° 1. Réponse **A**.

Q27. L'image obtenue est l'image n° 10. Réponse **D**.

Q28. L'image obtenue est l'image n° 6. Réponse **C**.

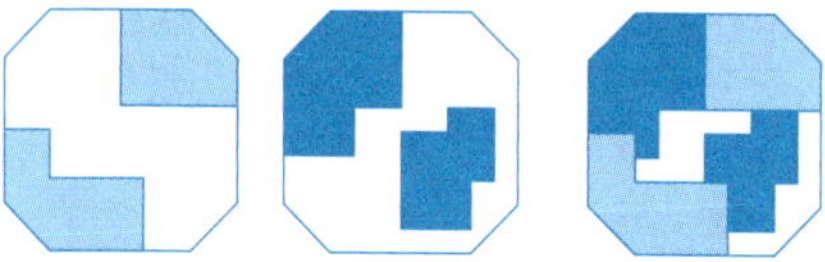

Q29. L'image obtenue est l'image n° 9. Réponse **C**.

Q30. L'image obtenue est l'image n° 4. Réponse **A**.

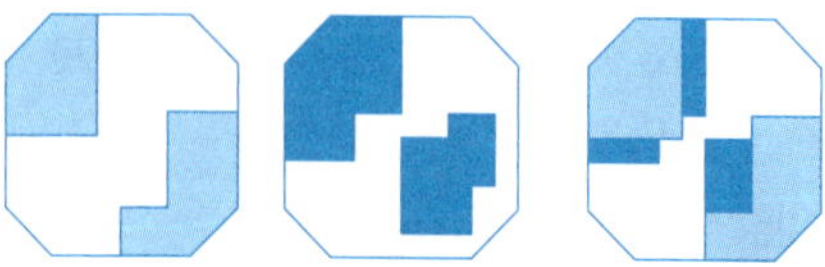

Q31. L'image obtenue est l'image n° 3. Réponse **C**.

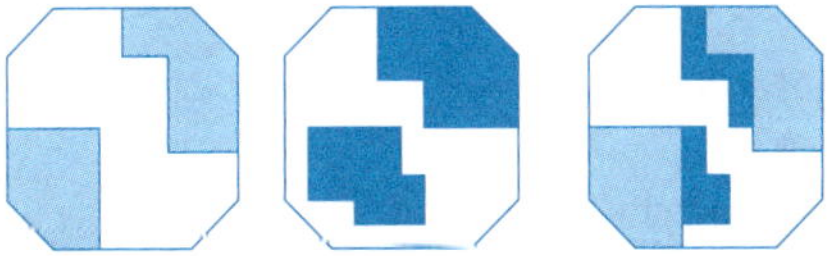

Q32. L'image obtenue est l'image n° 8. Réponse **B**.

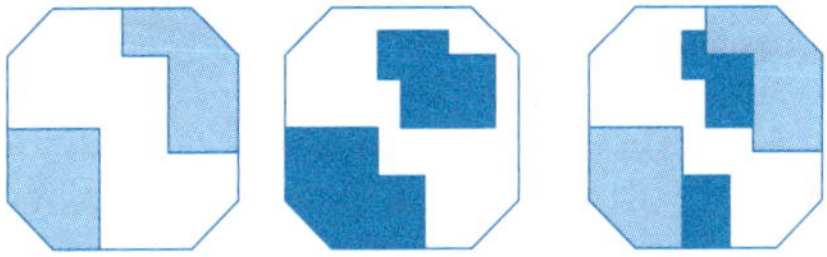

Q33. L'image obtenue est l'image n° 2. Réponse **B**.

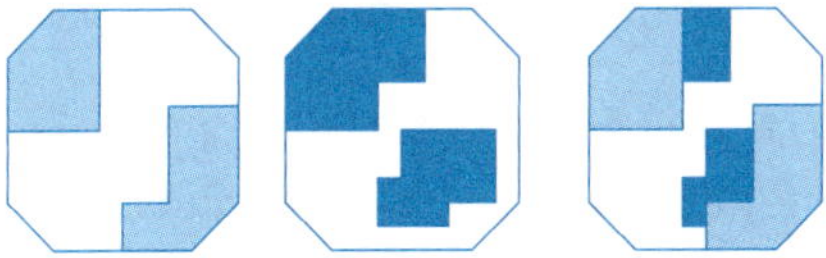

Q34. L'image obtenue est l'image n° 5. Réponse **B**.

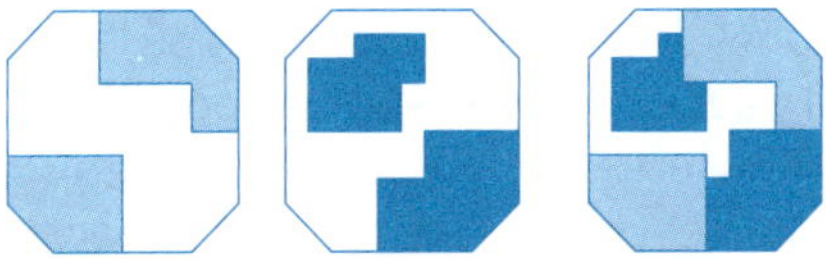

Q35. L'image obtenue est l'image n° 7. Réponse **D**.

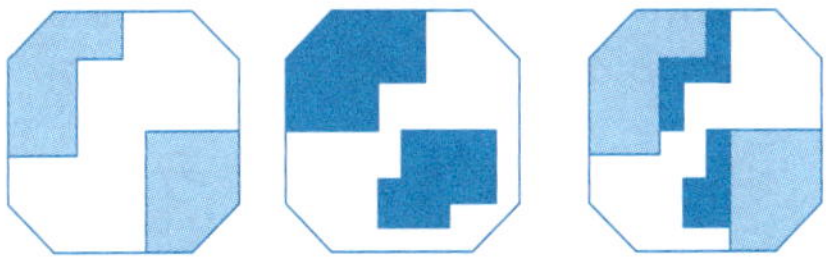

Remarque : Pour chaque correction, les deux images sont dessinées après avoir été transformées. La troisième image correspond à la superposition des deux précédentes images.

Test de raisonnement logique

Questions de Q36 à Q50 : se reporter à la grille réponse.

Voici un exemple de résolution de M. MIND.
On considère que les lettres utilisées sont : **P**, **Q**, **R**, **S** et **T**.
Les lettres ne doivent pas être présentes plusieurs fois dans une ligne du tableau et dans la réponse à ce test.

P	**Q**	Possède une lettre commune bien placée.
Q	**P**	Possède une lettre commune mal placée.
Q	**R**	Possède une lettre commune bien placée.

Pour déterminer la réponse à ce test, il faut décrire toutes les possibilités de placer deux lettres dans un ordre donné parmi les cinq lettres disponibles. Cela représente 20 possibilités. Parmi ces possibilités, on retiendra celle qui vérifie toutes les lignes de l'énoncé. Dans le cas où l'énoncé est « incomplet » il y aura plusieurs réponses possibles.
Pour simplifier ce travail, on peut utiliser trois règles simples pour éliminer certaines lettres rapidement.

• ***Une lettre commune bien placée ne peut pas se trouver dans différentes colonnes.*** Voici un exemple :

P	**Q**	Possède une lettre commune bien placée.
R	**P**	Possède une lettre commune bien placée.

La lettre **P** ne peut pas appartenir à la solution car si elle est bien placée, elle ne peut pas être dans la première colonne puis dans la seconde colonne.

• ***Une lettre commune mal placée ne peut pas se trouver dans toutes les colonnes.*** Voici un exemple :

P	**Q**	Possède une lettre commune mal placée.
R	**P**	Possède une lettre commune mal placée.

La lettre **P** ne peut pas appartenir à la solution car si elle est mal placée, elle ne peut pas être dans la première colonne et aussi dans la seconde colonne.

• ***Une lettre commune bien placée dans une colonne ne peut pas être mal placée dans la même colonne.*** Voici un exemple :

P	**Q**	Possède une lettre commune bien placée.
P	**R**	Possède une lettre commune mal placée.

La lettre **P** ne peut pas appartenir à la solution car si elle est bien placée comme on peut le lire à la première ligne du tableau, elle ne peut pas être mal placée à la seconde ligne du tableau tout en restant dans la première colonne.

Appliquons ces règles à notre exemple.
On regarde les première et dernière ligne du tableau suivant :

P	**Q**	Possède une lettre commune bien placée.
Q	**R**	Possède une lettre commune bien placée.

La lettre **Q** ne peut pas être la lettre bien placée. Alors, à la première ligne du tableau, il faut que la lettre **P** soit la lettre commune bien placée. De même, à la troisième ligne du tableau, la lettre commune bien placée est la lettre **R**.
La réponse à ce test est donc : **P R**.
C'est la solution à la question **Q36**.

Remarque : À la seconde ligne du tableau, la lettre commune mal placée est la lettre **P**.

Q37. La réponse à ce test est : **S T**.
R ne peut être une lettre commune donc à la première ligne du tableau, **S** est la lettre commune mal placée et **T** est la lettre commune bien placée à la seconde ligne du tableau.

Q38. La réponse à ce test est : **P T**.
R n'est pas une lettre commune donc à la troisième ligne du tableau, la lettre commune bien placée est **P**.
Alors, à la première ligne du tableau, **T** est une lettre commune bien placée.

Q39. La réponse à ce test est : **Q T**.
P n'est pas une lettre commune donc à la première ligne du tableau, la lettre commune mal placée est **Q**.
Alors, à la troisième ligne du tableau, **T** est une lettre commune mal placée.

Q40. La réponse à ce test est : **T S**.
P n'est pas une lettre commune donc à la première ligne du tableau, la lettre commune bien placée est **S**.
Q n'est pas une lettre commune. À la troisième ligne du tableau, **S** est une lettre commune mal placée et **R** n'est pas une lettre commune. Parmi les lettres à notre disposition, seule la lettre **T** peut être placée en première position.

Q41. La réponse à ce test est : **S Q R**.
Si on suppose qu'à la troisième ligne, **S** et **R** sont bien placées, **T** ne fait pas partie de la solution.
Alors, à la deuxième ligne, **P** ne fait pas partie de la solution et à la première ligne **Q** est bien placée.

Q42. La réponse à ce test est : **Q R T**.
À partir des deux premières lignes, **P** et **S** ne sont pas des lettres communes. **R** est donc en deuxième position et **Q** appartient à la solution. À la troisième ligne, **T** est en troisième position et donc **Q** est en première position.

Q43. La réponse à ce test est : **R T S**.
À partir de l'énoncé, **T** et **S** sont bien placées à la troisième ligne et **P** n'appartient pas à la solution.
Alors, à la première ligne, **R** est en première position.

Q44. La réponse à ce test est : **R T P**.
À partir des deux premières lignes de l'énoncé, on peut affirmer que **Q** n'appartient pas à la solution. Avec les troisième et première lignes de l'énoncé, on en déduit que **R** est en

première position et **P** en troisième position et que **S** n'appartient pas à la solution. Avec la seconde ligne de l'énoncé, on en déduit que **T** est en seconde position.

Q45. La réponse à ce test est : **Q T P**.
À partir de l'énoncé, on peut affirmer que **R** n'appartient pas à la solution. À partir de la deuxième ligne de l'énoncé, on peut affirmer que **P** est en troisième position et que **Q** est en première position. On en déduit à la troisième ligne que **S** n'appartient pas à la solution. Alors, avec la première ligne, il faut placer **T** en seconde position.

Q46. La réponse à ce test est : **Q R P**.
À partir de l'énoncé, on peut affirmer que **S** n'appartient pas à la solution. À partir de la deuxième ligne de l'énoncé, on peut affirmer que **Q** est en première position et que **R** est en seconde position. On en déduit à la troisième ligne que **T** n'appartient pas à la solution. Alors, avec la première ligne, il faut placer **P** en troisième position.

Q47. La réponse à ce test est : **R P T**.
À partir de l'énoncé, on peut affirmer que **Q** et **S** n'appartiennent pas à la solution. À partir de la deuxième ligne de l'énoncé, on peut affirmer que **P** est en seconde position. On en déduit à la première ligne que **T** est en troisième position. Alors, il faut placer **R** en première position.

Q48. La réponse à ce test est : **S Q R.**
Si **S** n'est pas une lettre commune ou si elle est commune mais bien placée, il n'y a pas de solution. Il faut alors placer **S** en première position. Avec les données de la première ligne de l'énoncé, on doit placer **R** en troisième position, ce qui oblige de placer **Q** en deuxième position en tenant compte de la seconde ligne de l'énoncé.

Q49. Les réponses à ce test sont : **T P R** ou **Q R P.**
Si **Q** n'est pas une lettre commune, on peut placer **T** en première position et **R** en troisième position avec les informations de la première ligne du tableau. Avec la seconde ligne du tableau, on doit placer la lettre **P** en deuxième position. La solution est alors : **T P R.**
Si **Q** est une lettre commune bien placée, **T** n'est pas une lettre commune. La solution sera alors : **Q R P.**
Si **Q** est une lettre commune mal placée, il n'y a pas de solution.

Q50. Les réponses à ce test sont : **T S R** ou **Q S P.**
Si **S** n'est pas une lettre commune ou si elle est commune mais mal placée, il n'y a pas de solution. Il faut alors placer **S** en seconde position. Avec les données de la première ligne de l'énoncé, on peut placer **T** en première position, ce qui oblige de placer **R** en troisième position en tenant compte de la seconde ligne de l'énoncé. La solution est alors : **T S R.**
Si maintenant, on place **P** en troisième position, il faudra placer **Q** en première position. La solution est alors : **Q S P.**

Test de résolution de problèmes

Q51. Réponse **B**. Avec les données de l'énoncé, on écrit les « vitesses de travail » de chaque personne. Ces vitesses s'expriment en pile de linge par minute.

$$VM = \frac{1}{60}\,;\, VL = \frac{1}{20}$$

Quand elles travaillent ensemble, les deux personnes mettent un certain temps « *T* » pour repasser chacune une partie de la pile de linge (*QM* et *QL*) à leurs vitesses respectives. On peut alors écrire :

$$QM = T \times VM\,;\, QL = T \times VL\,;\, QM + QL = 1 \Rightarrow$$

$$T \times VM + T \times VL = 1 \Rightarrow T \times \frac{1}{60} + T \times \frac{1}{20} = 1 \Leftrightarrow$$

$$T \times \left(\frac{1}{60} + \frac{1}{20}\right) = 1 \Leftrightarrow T \times \left(\frac{1+3}{60}\right) = 1 \Leftrightarrow T = \frac{60}{4} = 15$$

Ensemble, pour repasser la pile de linge, elles mettent **15 min**.

Q52. Réponse **B**. Avec les données de l'énoncé, on écrit la « vitesse de travail » de Martine. Cette vitesse s'exprime nombre de vêtements repassés par minute. On note « *N* » le nombre de vêtements qu'elle repasse. On en déduit alors :

$$VM = \frac{80}{60} = \frac{N}{T}\,;\, T = 15 \Rightarrow N = \frac{80 \times 15}{60} = 20$$

Martine repasse **20** vêtements.

Q53. Réponse **B**. On reprend ces calculs pour Lucette.

$$VL = \frac{80}{20} = \frac{N}{T} ; T = 15 \Rightarrow N = \frac{80 \times 15}{20} = 60$$

Lucette repasse **60** vêtements. On remarque que la somme des vêtements repassés est bien égale à 80.

Q54. Réponse **A**. On calcule tout d'abord le salaire perçu par le couple chaque jour.

$$S = \frac{5\,040}{21} = 240$$

Chaque jour le couple perçoit 240 €. On note « *Mo* » le salaire journalier de Monsieur et « *Ma* » celui de Madame. Avec les données de l'énoncé, on peut écrire :

$$\begin{Bmatrix} Mo + Ma = 240 \\ Ma = 2 \times Mo \end{Bmatrix} \Rightarrow Mo + 2 \times Mo = 240 \Leftrightarrow$$

$$3 \times Mo = 240 \Leftrightarrow Mo = \frac{240}{3} = 80$$

Le salaire journalier de Monsieur est égal à **80 €**.

Q55. Réponse **C**. On utilise une règle de trois pour répondre à la question posée :

Distance sur la carte (mm)	Distance réelle (mm)
1	50 000
45	*D*

$$D = \frac{45 \times 50\,000}{1} = 2\,250\,000$$

On convertit alors la distance en km.

$$D = 2\,250\,000 \text{ mm} = 2\,250 \text{ m} = 2{,}25 \text{ km}$$

Test de raisonnement logique

Questions de Q56 à Q60 : se reporter à la grille réponse.

Voici la grille complétée. Les nombres indiquent l'ordre dans lequel on peut remplir cette grille.

Test de concentration

Questions de Q61 à Q70 : se reporter à la grille réponse.

Les images sont différentes quand elles sont vues par effet miroir ou quand une figure est déplacée ou modifiée.

Test de résolution de problèmes

Q71. Réponse **C**. Quand l'arrière du train sortira du tunnel, l'avant du train aura parcouru 2 km à la vitesse de 60 km/h, c'est-à-dire à la vitesse de 1 km/min. Il faudra un temps égal à 2 min pour parcourir 2 km à cette vitesse. Il sera alors 12 h 2 min.
L'arrière du train sortira du tunnel à **12 h 2 min**.

Q72. Réponse **C**. Le train et le voyageur se déplacent dans le même sens. Alors, de l'extérieur du train, les vaches voient le voyageur se déplacer à la somme des vitesses soit **100 km/h**.

Q73. Réponse **C**. On calcule le volume d'alcool contenu dans la cuve de 500 L de vin à 12 °.

$$V1 = 12\,\% \times 500 = \frac{12}{100} \times 500 = 12 \times 5 = 60$$

Il y a 60 L d'alcool dans la cuve de 500 L.
On calcule maintenant le volume d'alcool contenu dans la cuve de 200 L de vin à 10 °.

$$V2 = 10\,\% \times 200 = \frac{10}{100} \times 200 = 10 \times 2 = 20$$

Il y a 20 L d'alcool dans la cuve de 200 L.
La concentration finale est égale au volume total d'alcool à diviser dans le volume total des deux cuves.

$$C = \frac{60 + 20}{200 + 200} = \frac{80}{700} \simeq 0{,}114 = 11{,}4\,\% = 11{,}4\,°$$

Dans le mélange, le vin titre à environ **11,4 °**.

Q74. Réponse **D**. On utilise les coefficients multiplicateurs pour répondre à cette question. On note « *P* » le prix initial du lait.

$$P\times(1+20\ \%)\times(1-20\ \%)=P\times(1+0{,}20)\times(1-0{,}20)=$$
$$P\times1{,}2\times0{,}8=P\times0{,}96=P\times(1-0{,}04)=P\times(1-4\ \%)$$

Le taux de variation est égal à **–4 %**.

Q75. Réponse **D**. On note « *R* » le prix d'une rose et « *M* » le prix d'une marguerite. Les données du problème permettent d'écrire une relation pour chaque petit bouquet :

$$\begin{pmatrix}a\\b\end{pmatrix}=\begin{Bmatrix}3R+4M=12\\2R+6M=15\end{Bmatrix}$$

$$\begin{Bmatrix}3R+4M=12\\2R+6M=15\end{Bmatrix}\times\begin{pmatrix}2\\3\end{pmatrix}=\begin{Bmatrix}6R & +8M & =24\\6R & +18M & =45\\ \hline 0 & 18M-8M & =45-24\end{Bmatrix}\Rightarrow$$

$$18M-8M=45-24\Leftrightarrow10M=21\Leftrightarrow M=2{,}1$$

$$(b):2R+6M=15\Leftrightarrow2R+6\times2{,}1=15\Leftrightarrow$$

$$2R+12{,}6=15\Leftrightarrow2R=15-12{,}6=2{,}4\Leftrightarrow R=\frac{2{,}4}{2}=1{,}2$$

Le prix d'une rose est égal à 1,2 € et celui d'une marguerite est égal à 2,1 €. Le prix d'une belle rose et de deux marguerites sera alors égal à :

$$1R+2\,M=1\times1{,}2+2\times2{,}1=5{,}4$$

Le prix du petit bouquet est égal à **5,4 €**.

Q76. Réponse **A**. On note « *a*, *b*, *c* » les parts de bénéfice des trois personnes. Avec les données de l'énoncé, on peut écrire :

$$\begin{cases} a+b+c=16\,000 \\ a=b+c \\ b=2\times c \end{cases} \Leftrightarrow \begin{cases} a+a=16\,000 \\ a=2\times c+c \\ b=2\times c \end{cases} \Leftrightarrow$$

$$\begin{cases} 2a=16\,000 \\ a=3\times c \\ b=2\times c \end{cases} \Leftrightarrow \begin{cases} a=8\,000 \\ c=\dfrac{8\,000}{3}\simeq 2\,667 \\ b=2\times\dfrac{8\,000}{3}=5\,333 \end{cases}$$

La valeur de la plus petite part est environ égale à **2 667 €**.

Q77. Réponse **C**. Le prix de la consultation passe de 23 € à 23 + 5 = 28 €. Le taux d'augmentation est égal à :

$$T=\frac{Vf-Vi}{Vi}=\frac{28-23}{23}=\frac{5}{23}\simeq 0{,}217=21{,}7\,\%$$

La variation est environ égale à **21,7 %**.

Q78. Réponse **C**. En trois coups de couteau, on partage la baguette de pain en 4 morceaux égaux. Le poids de chaque part est alors égal à 150 ÷ 4 = **37,5 g**.

Q79. Réponse **B**. Sur une surface de 1 mètre carré, une hauteur d'eau égale à 1 mm (0,001 m) représente un volume égal à : $1 \text{ m}^2 \times 0{,}001 \text{ m} = 0{,}001 \text{ m}^3 = 1 \text{ dm}^3 = 1 \text{ L}$.
De plus, 1 are est égal à 100 m³. Donc 1 mm de pluie sur une surface de 1 are représente un volume de 100 L. Alors 15 mm de pluie représenteront 15 × 100 = **1 500 L** d'eau.

Q80. Réponse **C**. Dans cet établissement, il y a :
- 250 élèves ;
- 200 élèves qui étudient l'anglais ;
- 3/4 × 200 = 150 élèves qui étudient l'anglais et l'espagnol.

Cela représente un pourcentage égal à :

$$T = \frac{150}{250} = \frac{15}{25} = \frac{3}{5} = \frac{6}{10} = \frac{60}{100} = 60\ \%$$

Il y a **60 %** des élèves qui étudient les deux langues.

Test de raisonnement logique

Q81. Réponse **A**. Au premier nombre, on ajoute 1 pour obtenir le deuxième nombre. Au résultat, on ajoute 2 pour obtenir le nombre suivant. Puis on ajoute 3 et enfin 4 pour obtenir le nombre cherché : 27.

Q82. Réponse **D**. On fait la succession de +3 et de ×4.

Q83. Réponse **B**. On fait la succession des deux opérateurs suivants : élévation au carré et –9.

Q84. Réponse **C**. Le troisième nombre est la moyenne arithmétique des deux premiers. Le quatrième nombre est la moyenne des deux nombres précédents. Ainsi de suite.

Q85. Réponse **A**. Le premier nombre est la moyenne arithmétique des deux nombres suivants. Ainsi de suite.

Q86. Réponse **C**. Le troisième nombre est égal au produit des deux premiers. Ainsi de suite.

Q87. Réponse **B**. On fait la succession de ÷3 et de +12.

Q88. Réponse **A**. Suites d'opérateurs ×3 et de ÷2 puis ×4 et de ÷3.

Q89. Réponse **A**. On fait la succession de –17 et de +23.

Q90. Réponse **D**. On fait la succession des nombres premiers.

Q91. Réponse **B**. Que des multiples de 7.

Q92. Réponse **B**. 1^3 ; 2^3 ; 3^3 ; 4^3 ; 5^3...

Q93. Réponse **B**. Tous les nombres sont des puissances de 2.

Chaque lettre est remplacée par son rang dans l'alphabet.

A	B	C	D	E	F	G	H	I	J	K	L	M
1	2	3	4	5	6	7	8	9	10	11	12	13
N	O	P	Q	R	S	T	U	V	W	X	Y	Z
14	15	16	17	18	19	20	21	22	23	24	25	26

Q94. Réponse **B**. On fait la succession de +3 et de ×2.

Q95. Réponse **C**. On ajoute le rang de la lettre au nombre présent dans la même case pour obtenir de rang de la lettre à placer dans la case suivante.

Q96. Réponse **D**. Le rang des lettres augmente de 3 ; les nombres sont multipliés par 6.

Q97. Réponse **C**. Le produit des rangs des deux lettres est égal au nombre inscrit dans la case.

Q98. Réponse **A**. Dans chaque case, le nombre est égal à la somme des rangs des deux lettres plus 2.

Q99. Réponse **A**. Dans chaque case, la différence des rangs des deux premières lettres est égale au rang de la lettre écrite sur la seconde ligne.

Q100. Réponse **B**. Dans chaque case, la somme de tous les chiffres est égale au rang de la lettre.

Test de raisonnement logique

Remarque : Sur certaines images, les figures se superposent.

Q101. Réponse **D**. D'une image à l'autre :
- le grand carré est immobile ;
- le rond tourne d'un demi-tour ;
- le petit carré tourne d'un quart de tour dans le sens antihoraire puis revient à sa position initiale ;
- la croix tourne d'un quart de tour dans le sens antihoraire.

Q102. Réponse **B**. D'une image à l'autre :
- le grand carré, le rond et le petit carré tournent d'un quart de tour dans le sens antihoraire ;
- la croix tourne d'un quart de tour dans le sens horaire.

Q103. Réponse **A**. D'une image à l'autre :
- le grand carré tourne d'un demi-tour ;
- le rond tourne d'un quart de tour dans le sens antihoraire ;
- le petit carré et la croix tournent d'un quart de tour dans le sens horaire.

Q104. Réponse **D**. D'une image à l'autre :
- le grand carré tourne d'un quart de tour dans le sens antihoraire puis revient à sa position initiale ;
- le rond et la croix tournent d'un demi-tour ;
- le petit carré tourne d'un quart de tour dans le sens antihoraire puis revient à sa position initiale.

Q105. Réponse **C**. D'une image à l'autre :
- le grand carré tourne d'un quart de tour dans le sens horaire ;
- le rond tourne d'un quart de tour dans le sens antihoraire ;
- le petit carré tourne d'un quart de tour dans le sens antihoraire puis revient à sa position initiale ;
- la croix tourne d'un quart de tour dans le sens horaire.

Q106. Réponse **A**. D'une image à l'autre :
- le grand carré tourne d'un quart de tour dans le sens horaire ;
- le rond tourne d'un demi-tour ;
- le petit carré reste immobile ;
- la croix tourne d'un quart de tour dans le sens horaire.

Q107. Réponse **D**. D'une image à l'autre :
- le grand carré tourne d'un quart de tour dans le sens horaire ;
- le rond et le petit carré tournent d'un quart de tour dans le sens antihoraire ;
- la croix tourne d'un demi-tour.

Q108. Réponse **C**. D'une image à l'autre :
- le grand carré et le rond tournent d'un quart de tour dans le sens horaire ;
- le petit carré et la croix tournent d'un quart de tour dans le sens antihoraire.

Q109. Réponse **B**. D'une image à l'autre :
- le grand carré tourne d'un quart de tour dans le sens anti-horaire ;
- le rond et le petit carré tournent d'un demi-tour ;
- la croix tourne d'un quart de tour dans le sens horaire.

Q110. Réponse **D**. D'une image à l'autre :
- les deux carrés tournent d'un quart de tour dans le sens antihoraire ;
- le rond tourne d'un quart de tour dans le sens horaire ;
- la croix tourne d'un demi-tour.

Q111. Réponse **D**. D'une image à l'autre :
- le grand carré est immobile ;
- le rond tourne d'un demi-tour ;
- le petit carré tourne d'un quart de tour dans le sens antihoraire puis revient à sa position initiale ;
- la croix tourne d'un quart de tour dans le sens antihoraire.

Q112. Réponse **B**. D'une image à l'autre :
- les deux carrés et le rond tournent d'un quart de tour dans le sens antihoraire ;
- la croix tourne d'un quart de tour dans le sens antihoraire puis revient à sa position initiale.

Q113. Réponse **A**. D'une image à l'autre :
- le grand carré tourne d'un demi-tour ;
- le rond et le petit carré tournent d'un quart de tour dans le sens antihoraire ;
- la croix tourne d'un quart de tour dans le sens antihoraire puis revient à sa position initiale.

Q114. Réponse **D**. D'une image à l'autre :
- le grand carré tourne d'un quart de tour dans le sens horaire puis revient à sa position initiale ;
- le rond tourne d'un demi-tour ;
- le petit carré tourne d'un quart de tour dans le sens antihoraire puis revient à sa position initiale ;
- la croix tourne d'un quart de tour dans le sens horaire.

Q115. Réponse **C**. D'une image à l'autre :
- le grand carré tourne d'un quart de tour dans le sens horaire ;
- le rond tourne d'un quart de tour dans le sens antihoraire ;
- le petit carré tourne d'un quart de tour dans le sens antihoraire puis revient à sa position initiale ;
- la croix tourne d'un quart de tour dans le sens horaire.

Q116. Réponse **A**. D'une image à l'autre :
- le grand carré tourne d'un quart de tour dans le sens antihoraire ;
- le rond tourne d'un demi-tour ;
- le petit carré reste immobile ;
- la croix tourne d'un quart de tour dans le sens horaire.

Q117. Réponse **D**. D'une image à l'autre :
- le grand carré tourne d'un quart de tour dans le sens antihoraire ;
- le rond et le petit carré tournent d'un quart de tour dans le sens horaire ;
- la croix tourne d'un quart de tour dans le sens antihoraire puis revient à sa position initiale.

Q118. Réponse **A**. D'une image à l'autre :
- le grand carré et le rond tournent d'un quart de tour dans le sens antihoraire ;
- le petit carré et la croix tournent d'un quart de tour dans le sens horaire.

Q119. Réponse **B**. D'une image à l'autre :
- le grand carré tourne d'un quart de tour dans le sens antihoraire ;
- le rond et le petit carré tournent d'un demi-tour ;
- la croix tourne d'un quart de tour dans le sens antihoraire puis revient à sa position initiale.

Q120. Réponse **D**. D'une image à l'autre :
- les deux carrés tournent d'un quart de tour dans le sens horaire ;
- le rond et la croix tournent d'un quart de tour dans le sens antihoraire.

Q121. Réponse **B**. D'une image à l'autre :
- le grand carré et le rond tournent d'un demi-tour ;
- le petit carré tourne d'un quart de tour dans le sens horaire puis revient à sa position initiale ;
- la croix tourne d'un quart de tour dans le sens horaire.

Q122. Réponse **D**. D'une image à l'autre :
- le grand carré le rond et le petit carré tournent d'un quart de tour dans le sens horaire ;
- la croix tourne d'un quart de tour dans le sens antihoraire.

Q123. Réponse **B**. D'une image à l'autre :
- le grand carré tourne d'un demi-tour ;
- le rond et le petit carré tournent d'un quart de tour dans le sens horaire ;
- la croix tourne d'un quart de tour dans le sens antihoraire.

Q124. Réponse **A**. D'une image à l'autre :
- les deux carrés et la croix tournent d'un quart de tour dans le sens antihoraire puis reviennent en position initiale ;
- le rond tourne d'un demi-tour.

Q125. Réponse **C**. D'une image à l'autre :
- le grand carré et la croix tournent d'un quart de tour dans le sens antihoraire ;
- le rond tourne d'un quart de tour dans le sens horaire ;
- le petit carré tourne d'un quart de tour dans le sens horaire puis revient à sa position initiale.

Vos notes

Grille corrigée

	A	B	C	D
Q1	×			
Q2	×			
Q3	×			
Q4			×	
Q5				×
Q6	×			
Q7			×	
Q8		×		
Q9				×
Q10				×
Q11		×		
Q12			×	
Q13	×			
Q14	×			
Q15			×	
Q16	×			
Q17				×
Q18	×			
Q19				×
Q20			×	
Q21				×
Q22		×		
Q23			×	
Q24			×	
Q25			×	

	A	B	C	D
Q26	×			
Q27				×
Q28			×	
Q29			×	
Q30	×			
Q31			×	
Q32		×		
Q33		×		
Q34		×		
Q35				×
Q36		×	×	×
Q37			×	×
Q38		×	×	
Q39				×
Q40	×	×	×	×
Q41	×		×	
Q42				×
Q43	×	×		×
Q44	×	×	×	
Q45		×		
Q46	×	×		×
Q47	×			
Q48			×	
Q49		×		×
Q50	×	×		×

	A	B	C	D
Q51		×		
Q52		×		
Q53		×		
Q54	×			
Q55			×	
Q56		×		
Q57				×
Q58			×	
Q59		×		
Q60	×			
Q61	×	×		
Q62		×	×	×
Q63		×		
Q64	×		×	×
Q65			×	×
Q66	×			×
Q67			×	
Q68	×	×	×	×
Q69				×
Q70	×		×	
Q71			×	
Q72			×	
Q73			×	
Q74				×
Q75				×

	A	B	C	D
Q76	×			
Q77			×	
Q78			×	
Q79		×		
Q80			×	
Q81	×			
Q82				×
Q83		×		
Q84			×	
Q85	×			
Q86			×	
Q87		×		
Q88	×			
Q89	×			
Q90				×
Q91		×		
Q92		×		
Q93				×
Q94		×		
Q95			×	
Q96				×
Q97			×	
Q98	×			
Q99	×			
Q100		×		

	A	B	C	D
Q101				×
Q102		×		
Q103	×			
Q104				×
Q105			×	
Q106	×			
Q107				×
Q108			×	
Q109		×		
Q110				×
Q111				×
Q112		×		
Q113	×			
Q114				×
Q115			×	
Q116	×			
Q117				×
Q118	×			
Q119		×		
Q120				×
Q121		×		
Q122				×
Q123		×		
Q124	×			
Q125			×	

Vos notes

SUJET N° 4

Ce sujet n'est pas un QCM Vous devez écrire la réponse à chaque question.

Test de raisonnement numérique

10 min

Q1. Quelle est la moyenne arithmétique des nombres 12 et 4 affectés respectivement des coefficients 5 et 3 ?

Écrivez votre réponse dans la case ci-contre.

Q2. Calculer l'expression suivante : $\frac{1}{5}-\left(\frac{1}{2}\right)^2=$

Écrivez votre réponse dans la case ci-contre.

Q3. Simplifier l'expression suivante : $27^{-3}\times\left(\frac{1}{3}\right)^4\times 9^4=$

Écrivez votre réponse dans la case ci-contre.

Q4. Résoudre l'équation suivante : $x^2-16=3(x-4)$

Écrivez votre réponse dans la case ci-contre.

Q5. Simplifier l'expression : $\sqrt{7+\sqrt{1+\sqrt{9}}} =$

Écrivez votre réponse dans la case ci-contre.

Test d'abstraction

10 min

On vous propose quatre images vues dans l'espace. Vous devez entourer celles qui sont différentes de la première image.

Q6. Entourer les images différentes de la première image.

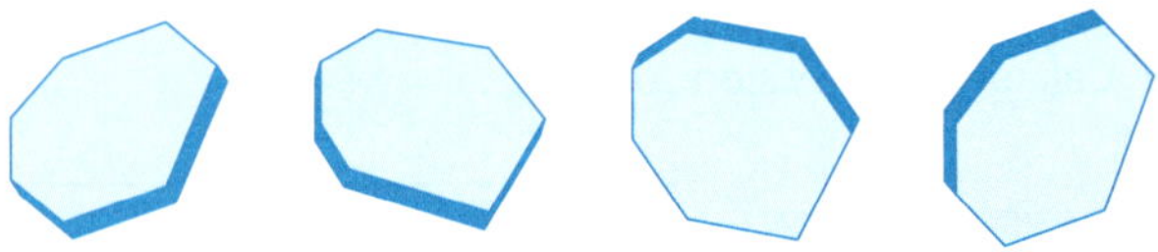

Q7. Entourer les images différentes de la première image.

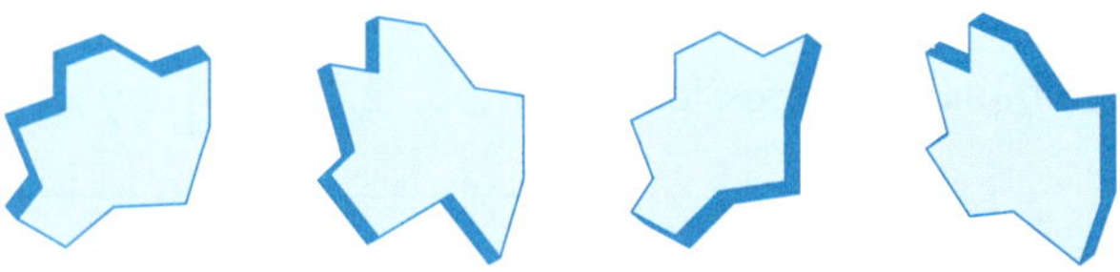

Q8. Entourer les images différentes de la première image.

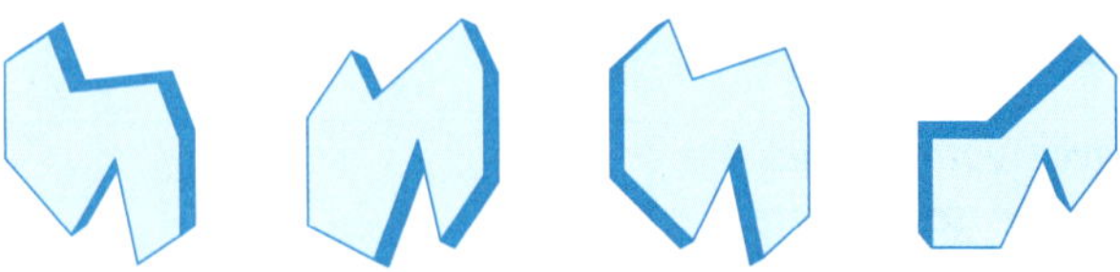

Q9. Entourer les images différentes de la première image.

Q10. Entourer les images différentes de la première image.

Q11. Entourer les images différentes de la première image.

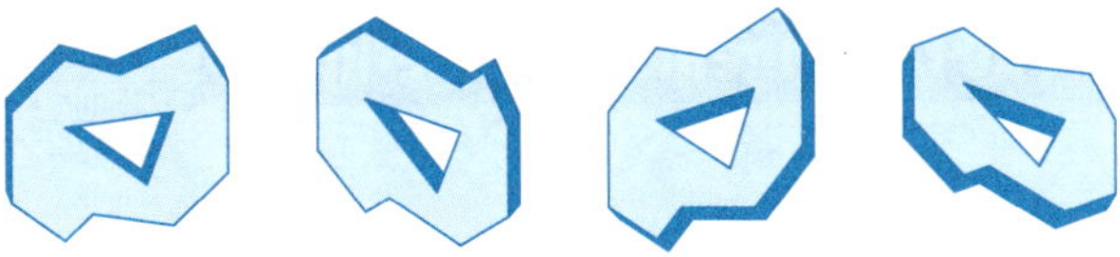

Q12. Entourer les images différentes de la première image.

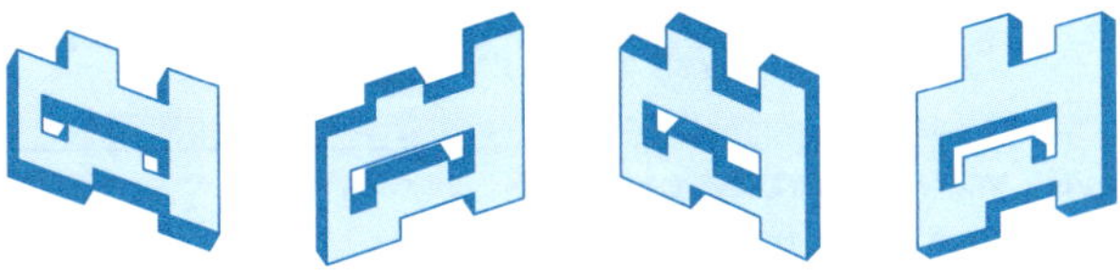

Q13. Entourer les images différentes de la première image.

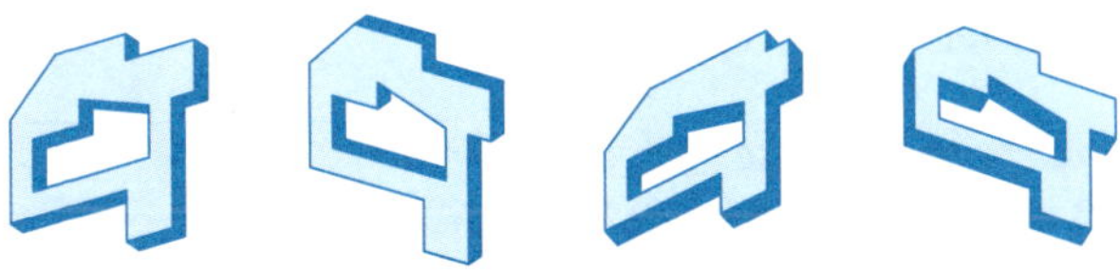

Q14. Entourer les images différentes de la première image.

Q15. Entourer les images différentes de la première image.

Test de raisonnement numérique

Q16. Développer le produit des deux polynômes suivants :

$$\left(3x^2 - 7x + 4\right)\left(-5x^2 + 2x - 3\right) =$$

Écrivez votre réponse dans la case ci-contre.

Q17. Développer : $\left(5x^3 - 1\right)^3 =$

Écrivez votre réponse dans la case ci-contre.

Q18. Calculer le polynôme pour la valeur précisée :

$$2x^2 - 6x + 5 = ?\ \text{si} : x = \frac{1+2\sqrt{2}}{3}$$

Écrivez votre réponse dans la case ci-contre.

Q19. Déterminer les solutions du système suivant :

$$\begin{cases} 3x + 4y = 0 \\ \frac{9}{5}x - \frac{8}{5}y = 1 \end{cases}$$

Écrivez votre réponse dans la case ci-contre.

Q20. Résoudre l'équation suivante :

$$x\sqrt{2} + \sqrt{3} = -x\sqrt{3} + \sqrt{2}$$

Écrivez votre réponse dans la case ci-contre.

Test d'abstraction

10 min

Vous devez dessiner l'image que l'on obtient quand on superpose deux images.

<u>Remarque :</u> Avant d'être superposées, les images peuvent subir des transformations simples.

Voici les différentes transformations utilisées par rapport à une image de référence :

Réf. : image de référence.
R–90 : rotation d'un quart de tour dans le sens inverse des aiguilles d'une montre.
R+90 : rotation d'un quart de tour dans le sens des aiguilles d'une montre.
R180 : rotation d'un demi-tour.
SH : symétrie suivant un axe horizontal.
SV : symétrie suivant un axe vertical.

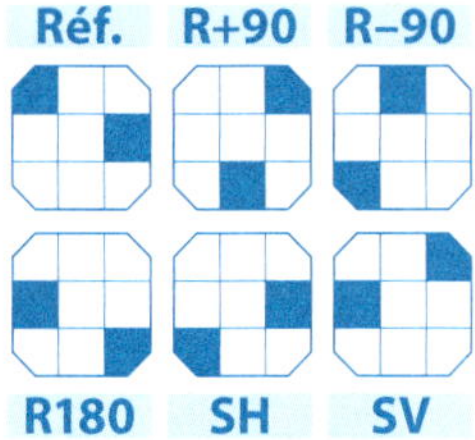

Exemple de superposition de deux images notées **A** et **B**.

Chaque image est composée de rectangles blancs et noirs. On superpose la première image sur la seconde image après avoir éventuellement transformé les images.
• La superposition sera notée par le signe « **+** ».
• On fera précéder chaque image (**A** ou **B**) de sa transformation.

Exemple :

Dessiner la superposition **A + SH (B)**.

Solution :

Voici les images **A** et **SH (B)** suivies de la superposition.

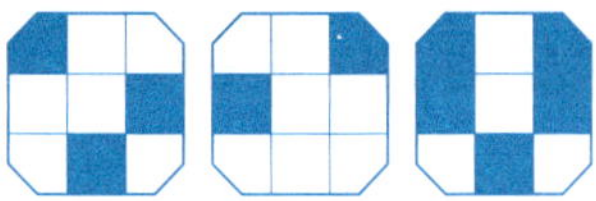

Pour ce test, il faut se représenter mentalement les images transformées et dessiner leur superposition avec un crayon. Il ne faut pas re-dessiner les images sur une feuille de brouillon.

Q21. Dessiner la superposition : **A + B.**

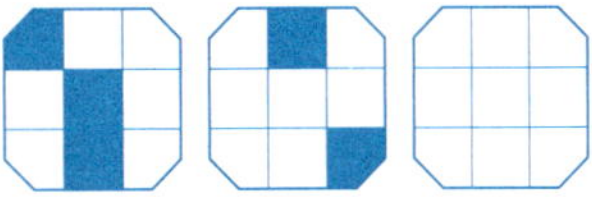

Q22. Dessiner la superposition : **R+90 (A) + B.**

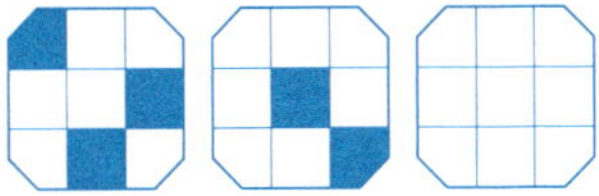

Q23. Dessiner la superposition : **A + R180 (B).**

Q24. Dessiner la superposition : **SH (A) + B.**

Q25. Dessiner la superposition : **A + SV (B).**

Q26. Dessiner la superposition : **R–90 (A) + SH (B).**

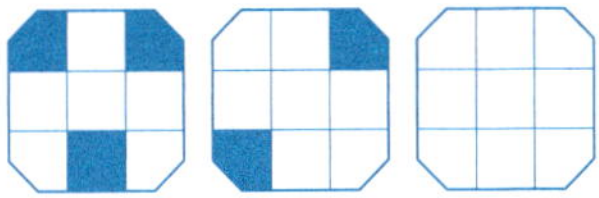

Q27. Dessiner la superposition : **SH (A) + R180 (B).**

Q28. Dessiner la superposition : **R180 (A) + R–90 (B).**

Q29. Dessiner la superposition : **R+90 (A) + SV (B).**

Q30. Dessiner la superposition : **SH (A) + R180 (B).**

Test de raisonnement logique

5 min

Un logement se compose de trois chambres, de deux salles de bain dont une est intégrée à une chambre, d'une cuisine, d'un salon et d'un cellier. De l'extérieur, on accède au logement par une porte donnant sur un grand couloir qui sépare d'un côté les WC et les chambres et de l'autre côté, la cuisine, le salon et le cellier. Au fond de chacune des deux petites chambres, une porte permet d'accéder à une petite salle de bain. Elle est donc commune aux deux petites chambres et il n'y a pas d'autre accès à cette pièce. Chaque pièce est accessible par une porte qui se ferme. De plus, il y a une porte de communication entre la cuisine et le salon. On suppose que le chien ne peut entrer dans une pièce ou dans le logement que si la porte d'accès est ouverte.

On suppose que le chien est à l'extérieur du logement. Toutes les autres portes sont fermées sauf la porte d'entrée et les portes du salon. Où le chien peut-il accéder ?

	Réponses proposées	« Vrai » ou « faux »
Q31	Au cellier	
Q32	Au salon	
Q33	À la cuisine	
Q34	Aux WC	
Q35	À la petite salle de bain	

Le chien venant de l'extérieur dort sur le tapis du salon. Que cela signifie-t-il ?

	Réponses proposées	« Vrai » ou « faux »
Q36	La porte d'entrée et celles de la cuisine sont les seules qui sont ouvertes.	
Q37	Les seules portes ouvertes sont probablement les portes de la cuisine et du salon.	
Q38	Il y a plusieurs chemins qui permettent au chien de se retrouver dans le salon.	

On suppose que le chien qui dormait sur le tapis du cellier veut sortir du logement. Parmi les différentes propositions de portes qui sont maintenues ouvertes, indiquer celles qui permettent au chien de sortir du logement.

	Réponses proposées	« Vrai » ou « faux »
Q39	Les portes du salon, de la cuisine et la porte d'entrée.	
Q40	Les deux seules portes ouvertes sont la porte d'entrée et celle du cellier.	

Test de concentration

30 min

Vous devez dessiner l'image que l'on obtient en superposant deux images. *Remarque : Avant d'être superposées, les images peuvent subir des transformations simples qui sont identiques au test de raisonnement logique précédent.*

Chaque image est composée de carrés, de ronds et de croix. On superpose la première image sur la seconde image après avoir éventuellement transformé les images.

- La superposition sera notée par le signe « + ».
- On fera précéder chaque image (**A** ou **B**) de sa transformation.

Ci-contre les règles de superpositions. Le premier tableau est destiné aux questions **de Q41 à Q65** et le second tableau aux questions **de Q66 à Q90**.

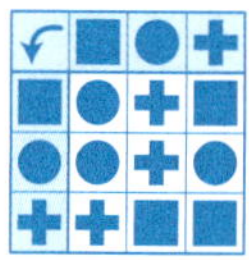

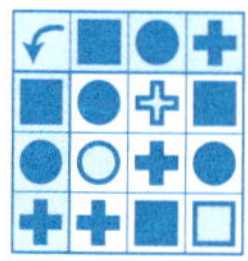

La flèche indique quelle est l'image de départ qui se superpose sur l'image d'arrivée.

Exemple :

Dessiner la superposition **A + Rot180 (B)**.

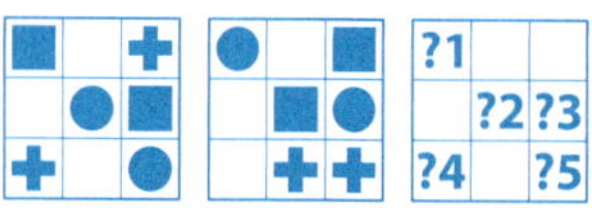

Solution :

Les images **A** et **Rot180 (B)** suivies de la superposition.

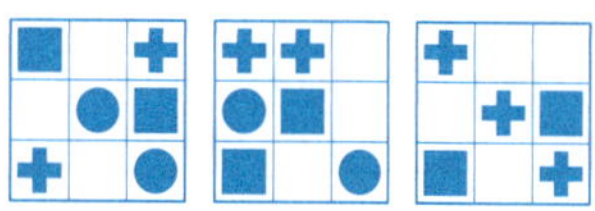

Pour ce test, il faut se représenter mentalement les images transformées et dessiner leur superposition avec un crayon.

Remarques : Si une des images est absente (carré blanc), l'image présente est reportée dans la grille réponse. Pour chaque grille, seulement cinq cases sont à remplir.

De Q41 à Q45. Dessiner : **R–90 (A) + R+90 (B).**

	■	✚		●	✚			?1		?2
●	●			■	●				?3	?4
	✚	■		■		✚			?5	

De Q46 à Q50. Dessiner : **R+90 (A) + R–90 (B).**

●	■	✚		●		✚		?1		?2
	●			■	●	✚			?3	
✚		■		■				?4		?5

De Q51 à Q55. Dessiner : **SH (A) + R180 (B).**

	✚			●		✚			?1	
●	■	●		■		●		?2		?3
	✚	■			■	✚		?4	?5	

De Q56 à Q60. Dessiner : **R–90 (A) + SV (B).**

	■	✚		✚	■					?1
●	✚			●		●		?2		?3
	■	●			■	✚		?4	?5	

De Q61 à Q65. Dessiner : **SV (A) + R–90 (B).**

	■	✚		✚	■				?1	
●	✚			●		●			?2	?3
	■	●			■	✚		?4	?5	

De Q66 à Q70. Dessiner : **R180 (A) + SV (B).**

■	■	✚		■	●	●		?1		
●	✚	●		✚	■	✚		?2		?3
✚	■	●		■	✚	●		?4	?5	

De Q71 à Q75. Dessiner : **R+90 (A) + R180 (B).**

■	●	✚		■	■	●		?1		?2
●	✚	■		✚	●	■			?3	?4
■	✚	●		✚	✚	●				?5

De Q76 à Q80. Dessiner : **SH (A) + SV (B).**

■	●	✚		■	■	✚		?1		?2
■	●	■		✚	●	●			?3	?4
✚	✚	●		■	✚	●				?5

De Q81 à Q85. Dessiner : **R–90 (A) + R180 (B).**

■	■	✚		■	●	✚		?1		?2
●	●	■		✚	■	●			?3	?4
✚	●	✚		■	●	✚				?5

De Q86 à Q90. Dessiner : **SV (A) + R+90 (B).**

✚	●	✚		✚	●	■		?1		?2
■	■	●		●	✚	✚		?3	?4	
✚	●	■		■	●	■			?5	

Test de raisonnement logique

10 min

Quand on pose une question à Pierre, il répond « NON » quand il pense « OUI » et répond « OUI » quand il pense « NON ». Parfois, il ne sait pas répondre. Paul, à cette même question répond « OUI » quand il pense « OUI » et ne répond pas quand il pense « NON » ou qu'il ne sait pas répondre. Pascal, toujours à cette même question répond « NON » quand il ne sait pas répondre et répond « OUI » quand il pense « NON ».

Q91. À une question posée où la réponse exacte est « NON » seul Pascal répond correctement. Que répond Pierre ?

Votre réponse :

Q92. À une question posée où la réponse exacte est « OUI » seuls Pierre et Paul se trompent. Que pense Pascal ?

Votre réponse :

Q93. À une question posée où la réponse fausse est « OUI » Pierre ne se trompe pas, Paul se trompe et Pascal ne répond pas correctement. Que pense Paul ?

Votre réponse :

Q94. À une question posée Pierre répond « OUI ». Mais sa réponse est fausse. Pascal répond comme Pierre. Que pense-t-il ?

Votre réponse :

Q95. À une question posée où tout le monde répond correctement, Pierre répond « OUI ». Que pense Paul ?

Votre réponse :

Q96. À une question posée où tout le monde se trompe en répondant, Pierre répond « NON ». Que pense Pascal ?

Votre réponse :

Q97. En attendant la question posée, Pierre répond correctement « NON ». Que pense Pascal sachant qu'il se trompe ?

Votre réponse :

Q98. En attendant la question posée, Pascal ne pense pas à la bonne réponse. Il répond « OUI ». Que répond Paul sachant que sa réponse est fausse ?

Votre réponse :

Q99. À une question posée, Pierre répond « OUI ». Sa pensée est exacte. Pascal pense correctement. Que répond Pascal ?

Votre réponse :

Q100. Paul pense que la réponse négative de Pierre à une question donnée est fausse. Paul réfléchit et pense la bonne réponse. Que répond-t-il ?

Votre réponse :

Test de résolution de problèmes

15 min

Marc cueille 3 kg de pommes en 20 minutes et Pierre cueille 6 kg de pommes en 30 minutes.

Q101. Combien de temps mettront-ils ensemble pour cueillir 7 kg de pommes ?

Q102. Quelle est alors la quantité de pommes cueillies par Pierre ?

Marc prend le train à Bordeaux à 8 heures en direction de Toulouse. Ce train roule à 120 km/h en moyenne. Pierre prend le train à Toulouse à 9 heures en direction de Bordeaux. Ce train roule à 100 km/ h en moyenne. Les deux villes sont distantes de 230 km.

Q103. À quelle heure les deux trains vont-ils se croiser ?

Q104. À quelle distance de Toulouse les deux trains vont-ils se croiser ?

Q105. Un ordinateur portable est maintenant vendu 382,50 € après avoir baissé de 15 %. Quel était son prix avant la baisse ?

Q106. Si 5 chèvres produisent 750 L de lait en trois mois, combien faut-il de chèvres pour produire 1 500 L de lait en deux mois ?

Q107. Une voiture consomme 4 L de carburant pour un trajet de 100 km en campagne et 8 L/100 km en trajet urbain. Pour se rendre à son travail Julie parcourt 25 km en campagne puis 10 km en ville. Quelle est alors environ la consommation moyenne pour 100 km de sa voiture ?

Q108. Lucien ramasse huit escargots en six minutes. Mais un escargot sur cinq s'échappe. Combien aura-t-il ramassé d'escargots en une demi-heure ?

Q109. Dans une forêt, le nombre de cervidés double tous les deux ans. Sachant qu'au bout de 6 ans, il y a 240 cervidés, quel était le nombre initial de cervidés ?

Q110. Dans une SARL, le bénéfice est soumis à l'impôt sur les sociétés à un taux de 50 %. Le patron prend la moitié du bénéfice net et partage le reste entre ses cinq associés. Quel est le taux du bénéfice brut pris par chaque associé ?

Test de raisonnement analogique

10 min

À partir du premier tableau, compléter les autres tableaux en remplaçant les points d'interrogation par des nombres.

Q111.

7	8
5	6

3	4
1	?

7	7
4	?

Q112.

3	4
8	1

2	5
?	2

1	9
0	?

Q113.

4	5
3	23

7	5
1	?

?	6
2	38

Q114.

18	3
1	5

28	?
2	2

?	5
5	2

Q115.

18	15
24	20

36	?
12	15

?	34
9	6

Test de raisonnement logique

5 min

Pour chaque question, les nombres constituent une suite logique. Quel est le nombre à placer après de dernier nombre ?

	Suite logique des nombres				Votre réponse
Q116	19	26	33	40	
Q117	5	7	11	13	
Q118	38	57	76	95	
Q119	91	78	65	52	
Q120	48	52	50	51	
Q121	4	8	12	20	
Q122	24	8	3	2	
Q123	3	4	12	48	
Q124	17	23	29	35	
Q125	1	3	9	27	

Vos notes

CORRIGÉ DU SUJET N° 4

Test de raisonnement numérique

Q1. La moyenne est égale à 9 car :

$$\frac{12\times5+4\times3}{5+3}=\frac{60+12}{8}=\frac{72}{8}=9$$

Q2. Détail du calcul :

$$\frac{1}{5}-\left(\frac{1}{2}\right)^2=\frac{1}{5}-\frac{1}{4}=\frac{4-5}{5\times4}=\frac{-1}{20}$$

Q3. Détail du calcul :

$$\left(3^3\right)^{-3}\times3^{-4}\times\left(3^2\right)^4=3^{-9}\times3^{-4}\times3^8=3^{-9-4+8}=3^{-5}$$

Q4. Les deux solutions sont –1 et 4 car :

$$\left(x^2-4^2\right)-3(x-4)=0\Leftrightarrow(x-4)(x+4)-3(x-4)=0$$

$$\Leftrightarrow(x-4)\left[(x+4)-3\right]=0\Leftrightarrow(x-4)(x+1)=0\Rightarrow$$

$$\left\{\begin{matrix}x-4=0\Leftrightarrow x=4\\x+1=0\Leftrightarrow x=-1\end{matrix}\right\}\Rightarrow S=\{-1;4\}$$

Q5. Détail du calcul :

$$\sqrt{7+\sqrt{1+\sqrt{9}}}=$$

$$\sqrt{7+\sqrt{1+3}}=\sqrt{7+\sqrt{4}}=\sqrt{7+2}=\sqrt{9}=3$$

Test d'abstraction

Les ronds gris montrent les différences par rapport à la première image.

Q6. Il y a une image différente de la première image.

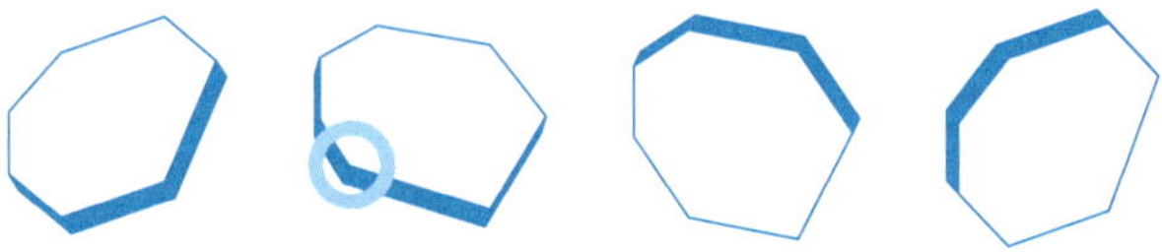

Q7. Il y a trois images différentes de la première image.

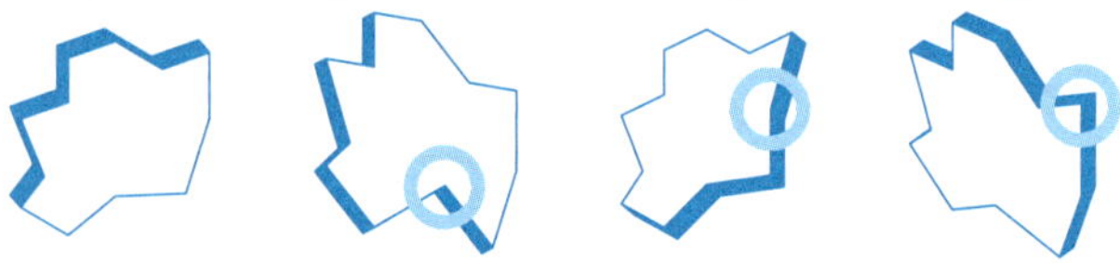

Q8. Il y a une image différente de la première image.

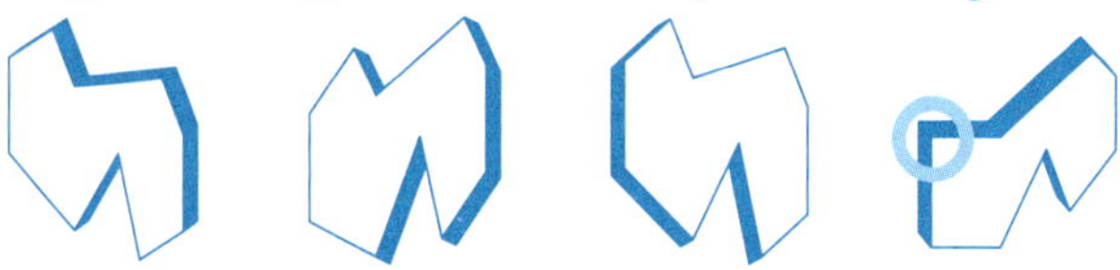

Q9. Il y a deux images différentes de la première image.

Q10. Il y a trois images différentes de la première image.

Q11. Il y a une image différente de la première image.

Q12. Il y a trois images différentes de la première image.

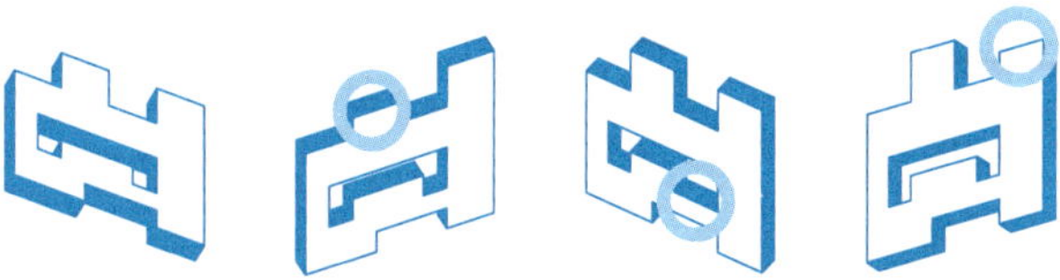

Q13. Il y a une image différente de la première image.

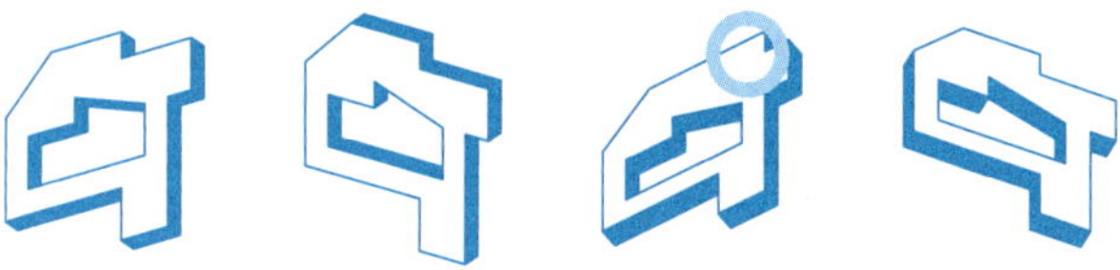

Q14. Il y a deux images différentes de la première image.

Q15. Il y a une image différente de la première image.

Test de raisonnement numérique

Q16. Développement :

$$-15x^4+6x^3-9x^2+35x^3-14x^2+21x-20x^2+8x-12=$$
$$-15x^4+(6+35)x^3-(9+14+20)x^2+(21+8)x-12=$$
$$-15x^4+41x^3-43x^2+29x-12$$

Q17. Développement :

$$(5x^3-1)^2\times(5x^3-1)=(25x^6-10x^3+1)\times(5x^3-1)=$$
$$125x^9-25x^6-50x^6+10x^3+5x^3-1=$$
$$125x^9-75x^6+15x^3-1=$$

Q18. Calcul de l'expression :

$$2\left(\frac{1+2\sqrt{2}}{3}\right)^2-6\times\frac{1+2\sqrt{2}}{3}+5=$$
$$\frac{2}{9}\left(1+2\sqrt{2}\right)^2-2\left(1+2\sqrt{2}\right)+5=$$
$$\frac{2}{9}\left(1+4\sqrt{2}+8\right)-2-4\sqrt{2}+5=\frac{2}{9}\left(9+4\sqrt{2}\right)-2-4\sqrt{2}+5=$$
$$2+\frac{8}{9}\sqrt{2}+3-4\sqrt{2}=5+\left(\frac{8}{9}-4\right)\sqrt{2}=5+\frac{8-4\times9}{9}\sqrt{2}=$$
$$5-\frac{28}{9}\sqrt{2}$$

Q19. Résolution du système :

$$\begin{cases} 3x+4y=0 \\ \dfrac{9}{5}x-\dfrac{8}{5}y=1 \end{cases} \Leftrightarrow \begin{cases} 3x+4y=0 \\ 9x-8y=5 \end{cases} = \begin{cases} a \\ b \end{cases}$$

$$(1) \Rightarrow \begin{cases} 3a \\ b \\ \hline 3a-b \end{cases} = \begin{cases} 9x \quad +12y \quad =0 \\ 9x \quad -8y \quad =5 \\ \hline 0x \quad 12y+8y \quad =0-5 \end{cases}$$

$$\Rightarrow 20y=-5 \Leftrightarrow y=\frac{-5}{20}=\frac{-1}{4}$$

$$(2) \Rightarrow \begin{cases} 2a \\ b \\ \hline 2a+b \end{cases} = \begin{cases} 6x \quad +8y \quad =0 \\ 9x \quad -8y \quad =5 \\ \hline 6x+9x \quad 0y \quad =0+5 \end{cases}$$

$$\Rightarrow 15x=5 \Leftrightarrow x=\frac{5}{15}=\frac{1}{3} \Rightarrow S=\left\{x=\frac{1}{3}\,;\,y=\frac{-1}{4}\right\}$$

Q20. Résolution de l'équation :

$$x\sqrt{2}+\sqrt{3}=-x\sqrt{3}+\sqrt{2} \Leftrightarrow x\sqrt{2}+x\sqrt{3}=\sqrt{2}-\sqrt{3} \Leftrightarrow$$

$$\left(\sqrt{2}+\sqrt{3}\right)x=\sqrt{2}-\sqrt{3} \Leftrightarrow x=\frac{\sqrt{2}-\sqrt{3}}{\sqrt{2}+\sqrt{3}}=$$

$$\frac{\left(\sqrt{2}-\sqrt{3}\right)^2}{\left(\sqrt{2}+\sqrt{3}\right)\times\left(\sqrt{2}-\sqrt{3}\right)}=\frac{2-2\sqrt{2\times3}+3}{2-3}=\frac{5-2\sqrt{6}}{-1}=$$

$$-5+2\sqrt{6}$$

Test d'abstraction

Q21. Superposition :
A + B.

Q22. Superposition :
R+90 (A) + B.

Q23. Superposition :
A + R180 (B).

Q24. Superposition :
SH (A) + B.

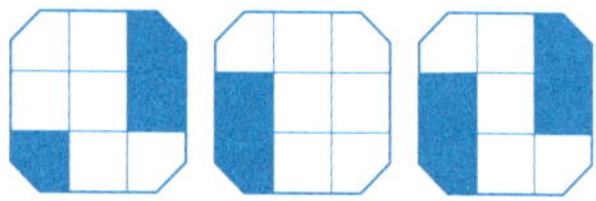

Q25. Superposition :
A + SV (B).

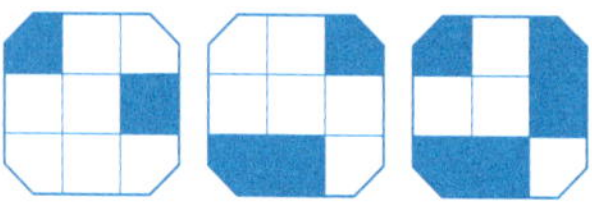

Q26. Superposition :
R–90 (A) + SH (B).

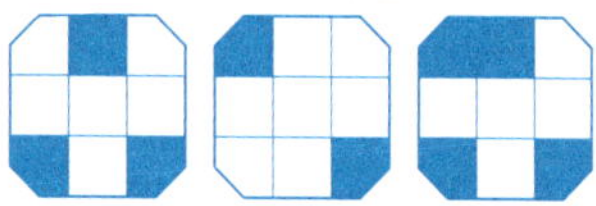

Q27. Superposition :
SH (A) + R180 (B).

Q28. Superposition :
R180 (A) + R–90 (B).

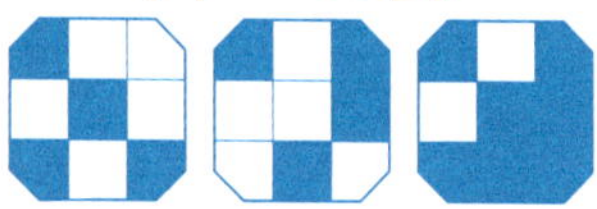

Q29. Superposition :
R+90 (A) + SV (B).

Q30. Superposition :
SH (A) + R180 (B).

Test de raisonnement logique

Avec les données de l'énoncé, on dessine un plan du logement.

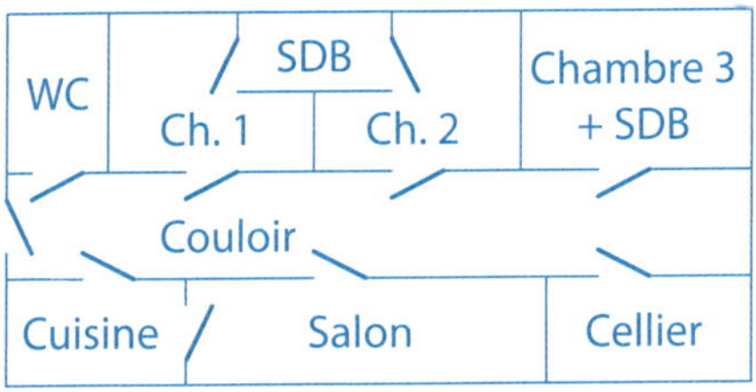

	Réponses
Q31	Faux
Q32	Vrai
Q33	Vrai
Q34	Faux
Q35	Faux

Q36	Faux, il aurait pu passer par le couloir pour enter dans le salon.
Q37	Faux, il manque la porte d'entrée.
Q38	Vrai

Q39	Faux, il manque la porte du cellier.
Q40	Vrai

Test de concentration

De Q41 à Q45.

R–90 (A) + R+90 (B).

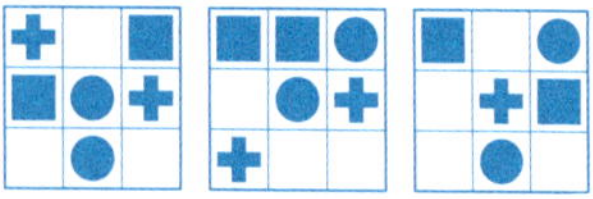

De Q46 à Q50.

R+90 (A) + R–90 (B).

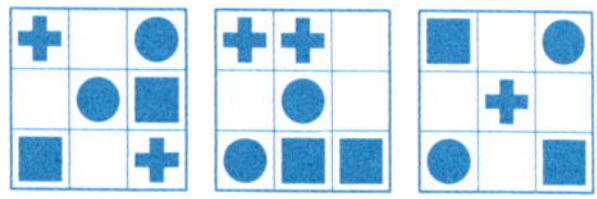

De Q51 à Q55.

SH (A) + R180 (B).

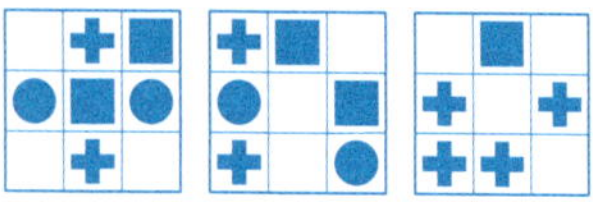

De Q56 à Q60.

R–90 (A) + SV (B).

De Q61 à Q65.

SV (A) + R–90 (B).

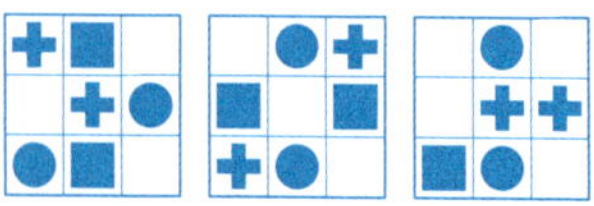

De Q66 à Q70.

R180 (A) + SV (B).

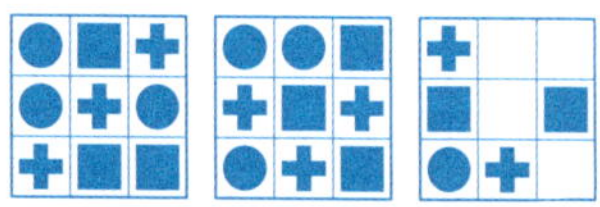

De Q71 à Q75.

R+90 (A) + R180 (B).

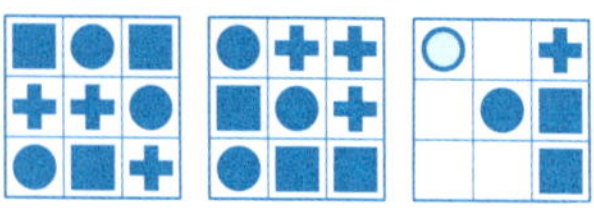

De Q76 à Q80.

SH (A) + SV (B).

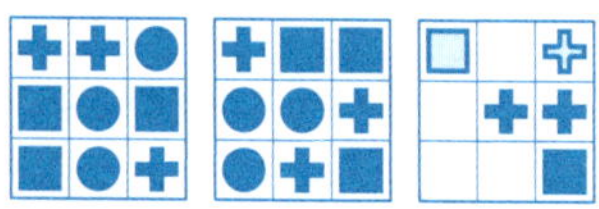

De Q81 à Q85.

R–90 (A) + R180 (B).

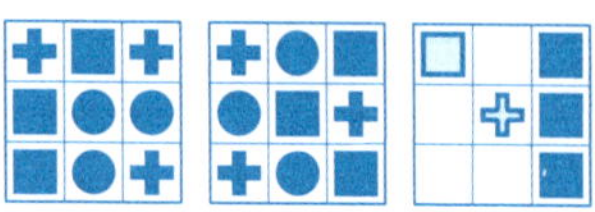

De Q86 à Q90.

SV (A) + R+90 (B).

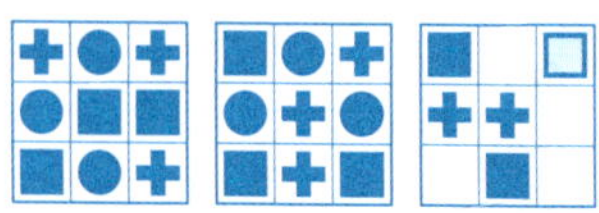

Test de raisonnement logique

Il faut faire très attention aux sens des mots « réponse » et « pensée ». On consigne les attitudes des trois personnages dans les tableaux suivants :

Pierre		Ce qu'il pense		
		Oui	Non	Ne sait pas répondre
Ce qu'il répond	Oui		×	
	Non	×		

Paul		Ce qu'il pense		
		Oui	Non	Ne sait pas répondre
Ce qu'il répond	Oui	×		
	Non			

Pascal		Ce qu'il pense		
		Oui	Non	Ne sait pas répondre
Ce qu'il répond	Oui		×	
	Non			×

Q91. Seul Pascal répond correctement, il répond donc « NON ». Pierre se trompe, il répond « OUI ».

Q92. La réponse exacte est « OUI » Pierre se trompe, il répond « NON ». Avec le tableau, on peut dire qu'il pense « OUI ». Paul se trompe, il répond « NON ». Avec le tableau, on ne peut pas affirmer ce qu'il pense.

Q93. Paul se trompe, il répond « OUI ». Avec le tableau, on peut affirmer qu'il pense « OUI ».

Q94. Pascal répond « OUI ». Avec le tableau, on peut affirmer qu'il pense « NON ».

Q95. Paul répond « OUI ». Avec le tableau, on peut affirmer qu'il pense « OUI ».

Q96. Pascal répond « NON ». Avec le tableau, on ne peut pas affirmer ce qu'il pense.

Q97. Pascal se trompe, il répond « OUI ». Avec le tableau, on peut affirmer qu'il pense « NON ».

Q98. La bonne réponse est « NON ». Paul se trompe, il répond « OUI ».

Q99. Pierre répond « OUI ». Avec le tableau, on peut affirmer qu'il pense « NON ». Sa pensée est exacte donc la bonne réponse est « NON ». Pascal pense correctement donc il pense « NON ». Avec le tableau, on peut affirmer qu'il répond « OUI ».

Q100. Pierre répond « NON ». Paul pense qu'il se trompe, il pense « OUI ». Avec le tableau, on peut affirmer qu'il répond « OUI ».

Test de résolution de problèmes

Marc cueille 3 kg de pommes en 20 min soit 1,5 kg en 10 min.
Pierre cueille 6 kg de pommes en 30 min soit 2 kg en 10 min.
Ensemble, ils cueillent 3,5 kg de pommes en 10 min.

Q101. Si, ensemble ils cueillent 3,5 kg de pommes en 10 min, pour cueillir 7 kg de pommes ils mettront **20 min**.

Q102. Comme Pierre cueille 2 kg de pommes en 10 min, il cueille **4 kg** de pommes en 20 min.

On met l'origine des temps à 9 h et les distances sont mesurées par rapport à Toulouse. On appelle t l'instant où les deux trains vont se croiser et d la distance parcourue par le train parti de Toulouse.
Pour le train pris par Pierre, on peut écrire :

$$90 = \frac{d}{t}$$

Comme le train pris par Marc est parti à 8 heures, il roule une heure de plus que le train pris par Pierre. Pour le train pris par Marc, on peut écrire :

$$120 = \frac{230 - d}{t + 1}$$

Avec ces deux relations, on peut écrire :

$$\begin{cases} 230 - d = 120(t+1) \\ d = 100t \end{cases} \Longleftrightarrow \begin{cases} 230 - 100t = 120(t+1) \\ d = 100t \end{cases}$$

$$\Longrightarrow 230 - 100t = 120t + 120 \Longleftrightarrow$$

$$230 - 120 = 120t + 100t \Longleftrightarrow 110 = 220t \Longleftrightarrow \boxed{t = 0{,}5\ \text{h}}$$

$$d = 100t \Longrightarrow d = 100 \times 0{,}5 \Longleftrightarrow \boxed{d = 50\ \text{km}}$$

Q103. Les deux trains vont se croiser au bout de trente minutes soit à **9 h 30**.

Q104. Les deux trains vont se croiser à **50 km** de Toulouse.

Q105. Pour ce calcul de pourcentage, on applique une formule :

$$Pi = \frac{Pf}{1-t} \Longrightarrow Pi = \frac{382{,}5}{1 - 15\ \%} = \frac{382{,}5}{0{,}85} \Longleftrightarrow \boxed{Pi = 450}$$

Avant la baisse, le prix de l'ordinateur était **450 €**.

Q106. On dresse un tableau de proportionnalité :

Nombre de chèvres	Volume de lait (L)	Durée (mois)
5	750	3
5	$750 \times 2 \div 3 = 500$	2
$1500 \times 5 \div 500 = 15$	1 500	2

Il faut **15 chèvres** pour produire 1 500 litres de lait en 2 mois.

Q107. On calcule d'abord la consommation en campagne :

$$V_1 = \frac{4}{100} \times 25 = 4 \times \frac{25}{100} = 4 \times \frac{1}{4} = 1 \longleftrightarrow \boxed{V_1 = 1 \text{ L}}$$

On calcule maintenant la consommation en ville :

$$V_2 = \frac{8}{100} \times 10 = 8 \times \frac{10}{100} = 0{,}8 \Longleftrightarrow \boxed{V_2 = 0{,}8 \text{ L}}$$

La consommation moyenne est égale au volume total consommé divisé par la distance totale parcourue :

$$C = \frac{1 + 0{,}8}{25 + 10} = \frac{1{,}8}{35} \approx \frac{1{,}8}{36} = \frac{5}{100} \Longrightarrow \boxed{C \approx 5 \text{ L/100 km}}$$

La consommation moyenne est proche de **5 L/100 km**.

Q108. Si Lucien ramasse 8 escargots en 6 minutes, il ramasse 40 escargots en 30 minutes.
Mais comme un escargot sur cinq s'échappe, sur 40 escargot, il y a 8 escargots de moins.
En trente minutes il aura 40 – 8 = **32 escargots**.

Q109. Si n est le nombre initial de cervidés et que tous les deux ans le nombre d'animaux double, en 6 ans, soit 3 périodes de 2 ans on peut alors écrire :

$$n \times 2 \times 2 \times 2 = 240 \Longleftrightarrow n = \frac{240}{8} \Longleftrightarrow \boxed{n = 30}$$

Le nombre initial de cervidés est **30**.

Q110. Dans une SARL, le bénéfice est soumis à l'impôt sur les sociétés à un taux de 50 %. Il reste alors 50 % de bénéfice à partager.
Le patron prend la moitié du bénéfice net ; c'est-à-dire 25 %.
Il partage le reste (25 %) entre ses cinq associés. Chaque associé aura donc **5 %** du bénéfice brut.

Test de raisonnement analogique

Q111.

7	8
5	6

3	4
1	**2**

7	7
4	**9**

On remarque que : $7 \times 8 = 56 \longrightarrow \boxed{5} \quad \boxed{6}$

Alors : $3 \times 4 = 12 \longrightarrow \boxed{1} \quad \boxed{2}$; $7 \times 7 = 49 \longrightarrow \boxed{4} \quad \boxed{9}$

Q112.

3	4
8	1

2	5
3	2

1	9
0	**1**

On remarque que : $3^4 = 81 \longrightarrow \boxed{8} \quad \boxed{1}$

Alors : $2^5 = 32 \longrightarrow \boxed{3} \quad \boxed{2}$; $1^9 = 01 \longrightarrow \boxed{0} \quad \boxed{1}$

Q113.

4	5
3	23

7	5
1	**36**

6	6
2	38

On remarque que : $4 \times 5 + 3 = 23$

Alors : $7 \times 5 + 1 = \boxed{36}$; $\boxed{6} \times 6 + 2 = 38$

Q114.

18	3
1	5

28	?
2	2

?	5
5	2

On remarque que : $\frac{18}{3} - 1 = 5$

Alors : $\frac{28}{\boxed{7}} - 2 = 2$; $\frac{\boxed{35}}{5} - 5 = 2$

Q115.

18	15
24	20

36	?
12	15

?	34
9	6

On remarque que : $\frac{18}{15} = \frac{24}{20}$

Alors : $\frac{36}{\boxed{45}} = \frac{12}{15}$; $\frac{\boxed{51}}{34} = \frac{9}{6}$

Test de raisonnement logique

	Description	Réponse
Q116	On ajoute 7 à chaque nombre pour obtenir le suivant.	47
Q117	Liste des nombres premiers à partir de 5.	17
Q118	Liste des multiples de 19.	114
Q119	On retranche 13 à chaque nombre pour obtenir le suivant.	39
Q120	Le 3e nombre est la moyenne des deux premiers et ainsi de suite.	50,5
Q121	Le 3e nombre est la somme des deux premiers et ainsi de suite.	32
Q122	Le 3e nombre est le quotient de la division entière des deux premiers et ainsi de suite.	1
Q123	Le 3ème nombre est le produit des deux premiers et ainsi de suite.	576
Q124	On ajoute 6 à chaque nombre pour obtenir le suivant.	41
Q125	Puissances de 3 successives.	81

Achevé d'imprimer en juin 2010
sur les presses de l'imprimerie TenBrink
Dépôt légal : septembre 2009